電子本をバカにするなかれ

書物史の第三の革命

津野海太郎

国書刊行会

装幀　倉茂　透
装画　原口健一郎

目次

I　書物史の第三の革命

II　電子本をバカにするなかれ

III　歩く書物――ブックマンが見た夢

I　書物史の第三の革命

1　本と読書の世界が変わる

いま、というのは二十一世紀の最初の十年がたった現在という意味ですが、そのいま、私たちにしたしい本と読書の世界が大きく変わろうとしている。

そのことを前提としてみとめた上で、この変化を「本の電子化やインターネット化に乗りおくれるな、急げ急げ」というようなクソいそがしい観点からではなく、五千年をこえる歴史をもつ書物史の大きな流れのなかで、できるだけ気長に考えてみたい。

いいかえれば、いまはせいぜい五年か十年の目盛りで考えていることを、百年、さらには千年の目盛りによって考えてみること。そうすれば、いまの変化が一体どれほどの深さや広がりをもつものなのかがわかってくる。いまはまだ完全にはわからなくとも、あるていどの見当はつくだろう。それがここで私がやりたいと思っていることなんです。

でも、これだけでは抽象的すぎて、ちょっとわかりにくいかもしれません。もうすこし具体的にのべておきましょう。

まず「百年の目盛り」ですが、これは、ついこのあいだ過ぎ去ったばかりの百年、つまり二十世紀とのつながりで現在の変化を考えてみようという意味です。意味というより提案かな。そのさい、ぜひとも頭に入れておいてほしいことがひとつある。二十一世紀生まれの少年少女をのぞけば、私たちのほとんどは二十世紀に本とのつきあいをはじめた。ところが、その二十世紀というやつが、じつはただの百年じゃなく、書物史や出版史の視点から見ると、たいへん特殊な百年だったということなんです。

簡単にいえば、長い歴史をもつ本の力がかつてない頂点にたっした時代、つまり「本の黄金時代」です。それこそが私たちが生身で体験したあの二十世紀という時代だった。

頂点というのは、たんに「かつてなかった」というだけでなく、おそらくはこの先もないであろう繁栄の頂点ということ。ここまでいそいで駆けのぼってしまえば、あとはもう峠のさきの坂道をくだるしかない、いわばどんづまりとしての頂点。いまのこの変化には、そういう特殊な時代の終わりという一面がある。いや、どうやらあるらしいぞということが、ようやく私たちにもわかってきた。それが「百年の目盛りで考える」ということの意味です。

では「千年の目盛りによって」とは、どういう意味なのか。

ようするに、いま私たちがそのさなかにいる変化を、紀元前三〇〇〇年ごろ、メソポタミア南端の都市国家シュメールで人類最初の本が生まれてからの長い時間のうちにおいてみよう、ということですね。そうすれば、いまのこの変化、つまり「紙と印刷の本」から「電子の本」へと向かう動きが、じつは「書物史の第三の革命」ともいうべき、もうひとまわり大きな変化の一部をなしていることがわかるにちがいない。なにも私が勝手にそう主張しているわけじゃないですよ。私のようなアマチュアにかぎらず、ロジェ・シャルチエやロバート・ダーントンといった人びとに代表されるプロの書物史家たちの多くも、徐々に、そんなふうに考えるようになっているらしい。

「第三」というからには、「第一」「第二」の革命があります。それまで延々と口頭でつたえられてきたことがらを、ついさっき誕生したばかりの文字によって記録するようになった。口承から書記へ。シュメールの場合でいえば粘土板に楔形《くさびがた》文字でということになりますが、それが「書物史の第一の革命」です。そして長い書記（手写）の時代をへて、印刷技術の登場によって同一の文書をいちどに大量コピーできるようになったのが「第二の革命」――。

これらの変化を「革命」と呼ぶのは、やはり多くの書物史家たちが好んでこの語をつかっているからなんですね。たとえばエリザベス・アイゼンステイン。彼女は十五世紀なかばのグーテンベルクによる活版印刷術の発明を「印刷革命」とよんだ。同名の主著の翻訳がみすず書房からでています。

でも、どう思います？　こうしたアイゼンステイン流の理解のしかたは、私にかぎらず、私たちのような東アジアの人間の目には、あまりにも西欧中心の歴史観に片よりすぎているように見えてしまうんじゃないかな。当然ですよね。もしグーテンベルクの発明だけが「革命」なのだとしたら、それ以前の朝鮮や中国における金属活字の発明とか、さらにそのまえに中国から東アジア全域にひろがった木版印刷術は、あれはいったい何だったんだということになってしまう。

私の考えはちがいます。むしろ木版や活版の発明をふくめて複数の土地に生じた複製化への試みが何重にも折りかさなり、それがやがて本の歴史に未曾有の大変動をもたらしたというふうに考えておきたい。くりかえし打ち寄せるゆるやかな「波動」であって、一回こっきりの「革命」ではない。だから本当は「革命」の語はつかいたくないのですが、でも「第三の波」といってしまうと、これまた以前どこかで聞いたことがあるような気がするし……。まあいいか、当面、ここは「革命」で妥協しておくことにしましょう。

ともあれ、書記革命（第一）と印刷革命（第二）というかつての二つの革命に匹敵する巨大な変化が、いま、われわれの本の世界にじわじわと到来しつつある。中心にあるのは、いうまでもなく「紙と印刷の本」から「電子の本」へと向かおうとする動き。その動きを「第三の革命」として書物史の内側に位置づけようとする意見が、ようやく欧米の書物史家たちのあいだでも広く共有されるようになってきた。

いや、そんなふうにいうと、

——書物史家ってなにさ。なぜいちいちそんな連中に気をつかうんだい？

と怪訝に思う人がいるかもしれませんね。

念のために、ざっと説明しておくと、二十世紀中葉、一九五〇年代後半から六〇年代にかけて、書誌学や美学や文学研究から歴史学や人類学や経済学にいたる多様なジャンルの研究者たちが、すでにある「科学史」や「芸術史」などとならぶ独立の学問領域として「書物史」というものを確立しようとする運動を同時多発的に開始した。書物史、英語ではhistory of books、フランス語だとhistoire du livreです。ひとまず、その流れに立つ学者、研究者たちというふうに考えておいてください。

まえにあげた『書物の秩序』（筑摩書房）のロジェ・シャルチエ、『猫の大虐殺』（岩波書店）のロバート・ダーントン、『印刷革命』のエリザベス・アイゼンステインのほかにも、『書物の出現』（筑摩書房）のリュシアン・フェーブルを筆頭に、同書の共著者でもある『書くことの歴史と力』（未訳）のアンリ＝ジャン・マルタンとか、『民衆本の世界』（人文書院）のロベール・マンドルーとか、いろいろな人がいます。広く考えれば、『物語の歌い手』（未訳）のアルバート・ロードや『声の文化と文字の文化』（藤原書店）のウォルター・オングや『グーテンベルクの銀河系』（みすず書房）のマーシャル・マクルーハンも、そこにふくめていいかもしれない。あと『プラトン序説』（新書館）のエリック・ハヴロックや『想像の共同体』（リブロポート）のベネディクト・アンダーソンなども……。

本の歴史にも、巻子本《スクロール》（巻物）から冊子本《コデックス》（綴じ本）への転換とか、産業革命にはじまる紙や印刷の大量生産化とか、さまざまな節目があったんです。そのうちから、さきにのべた「口承から書記へ」の動きと「写本から印刷本へ」の動きの二つを、もっとも本質的で決定的な変化としてくっきりと浮かび上がらせた。浮かび上がらせることに成功した。いまは常識化しているが、じつはそれこそが二十世紀後半の書物史運動のもたらした最大の成果だったんじゃないか。私はそう考えています。

そして、それらと同レベルの、あるいはそれ以上かもしれない大きな変化が、いまわれわれの本の世界に生じつつある。長いあいだ、紙の本、物質としての本の歴史に専門的にかかわってきた人たちにとって、それを認めるのはなかなか容易なことじゃないですよ。それがわかるだけに、私はかれらの判断に、そのまよいや揺れもふくめていささか共感するところがあるんです。

――いまは五年か十年の目盛りで考えていることを、百年、千年の目盛りによって考えてみよう。

そう私は最初にいいましたが、それはおおよそこんな意味です。私たちが「いまの変化」というとき、その「いま」の厚さが、往々にして、あまりにも薄っぺらすぎる。幅もせまい。それが気にかかる。じゃあ、その厚さや幅をもうすこし大きくとってみたらどうなるか、どんな世界が見えてくるだろう、ということですね。うまくいくかどうかは別にして、とにかく、そんなあたりからはじめてみたいと思っています。

2 「本の黄金時代」としての二十世紀

そこで、まず「本の黄金時代」について。私たちの多くがそこで生きていた二十世紀の百年が、あとにも先にも例のない本のパワー（能力でも権力でもあるような）の最盛期だったというのは、具体的に、どんなことを意味しているのか。

いちばんわかりやすいのは量です。いや、その量こそがじつは最大の問題なのですが、人類の歴史上、これほどケタはずれに大量の本が生産され消費された時代というのはかつて一度もなかった。なにはともあれ、つぎの数字を見てください。

一四五〇年	一〇〇点
一五五〇年	五〇〇〇点
一六五〇年	二三〇〇〇点
一七五〇年	一万一〇〇〇点
一八五〇年	五万点
一九五〇年	二五万点
二〇〇〇年	一〇〇万点

この表は、ガブリエル・サイドというメキシコの詩人ジャーナリストが書いた『So Many Books（本がいっぱい）』という本から作成したものです。二〇〇三年に刊行され、欧米でかなりの評判になった本で、「過剰の時代の読書と出版」という傍題がついている。以前、私が関係していた『季刊・本とコンピュータ』という雑誌の英文ウェブサイトを見て、著者が英語

版を送ってくれました。

古い年代の数字は、さきに名前だけあげたフェーブルとマルタンの『書物の出現』という本を参照しているようです。一九五八年に刊行されて新しい書物史の先駆けとなった高名な本で、日本では筑摩書房から翻訳がでている。ただし半世紀まえの本ですから、研究がすすんだ現在から見ると、かならずしも正確な数字とはいえない。あとのほうの二十世紀にはいってからの数字はユネスコ（国際連合教育科学文化機構）の統計によるものです。

したがって、前者はヨーロッパのみ、後者はアジアやイスラーム圏をふくむグローバルな数字と見ていい。二〇〇〇年の一〇〇万点のうちには、とうぜん日本の六万点がふくまれます。ついでにいっておくと、二〇〇九年、日本は八万三〇〇〇点、アメリカは一八万点。地球規模でいえばすでに一〇〇万点を大きく越えてしまった。

この表が一四五〇年からはじまっているのは、いうまでもなく、その五年後、ヨハネス・グーテンベルクの手になる最初の鉛合金活字による活版印刷本、いわゆる「四十二行聖書」がマインツで印刷されているからですね。したがって五〇〇点というのは、どういう数え方をしたのかはよくわかりませんが、本がすべて写本だった時代の最後にちかいある一年の刊行点数ということになる。

そして、その数が印刷技術の普及によって十六世紀以降、どんどん増えてゆく。なにしろ、人間が一冊一冊、手で書き写さなければならない写本とちがって、印刷というのは「同一コピーの多数同時生産」（『印刷革命』）の技術なんですから。そのことで本が「ひとが生計をたてるために作り出すひとつの商品」（『書物の出現』）になり、出版が産業として確立される。つまり「印刷革命」がそのまま「書物の出現」につながってゆく。もっといえば商品となることで本がようやくいまあるような本になった。それが一九五〇年代後半に開始された「書物史」運動のまず最初の主張になるわけです。

こうした事情は東アジアもおなじです。ただし、こちらは活版ではなく木版ですが、唐の時代、七世紀にはじまり、五代十国の混乱期をへて、つぎの宋代に定着した木版印刷術によって「宋本」とよばれる完成度の高い本が出現し、出版が産業化への長い道をゆっくり歩みはじめる。日本でいえば江戸時代、十七世紀から十九世紀前半にかけて。浮世絵に代表される木版印刷の成熟によって、黄表紙や読本や合巻のような高度に洗練された本が一般に普及し、それをささえる出版システムが徐々にかたちづくられていった。

その後、十九世紀に刊行点数が急増するのは、前世紀にはじまる産業革命で紙の原料がそれまでのボロ布から木材パルプに変わったことと、蒸気式の印刷機の発明によって高速大量印刷が可能になったからです。そしてこの段階で、グーテンベルク起源の高度化された活版印刷技術が、おなじ時期にあいついで西洋型の近代化に踏み切った東アジア諸国に持ち込まれ、またたくまに定着してゆく。なかんずく日本の変化がはげしかった。

日本で、それまでの木版印刷が活版印刷にほぼ完全にとってかわられたのは、一八八〇年代、明治十年代から二十年代にかけて。印刷の高速大量化はとうぜん出版のさらなる産業化をうながします。

しかし、いくら商品としての本を大量につくる力があっても、それを買ってくれる人がいなくては、なんにもならない。それには、すでにかなりの読み書き能力を身につけ、新聞や雑誌に日常的にしたしむようになっていた人びとを本にしっかりむすびつける「何らかの書物の大衆化装置」が必要だ。そう考えた出版人たちが、昭和初頭、一九二〇年代なかばにつくりだしたしかけが「円本《えんぽん》」と「文庫」だった。それが永嶺重敏の『モダン都市の読書空間』(日本エディタースクール出版部)という本が説得力ゆたかに主張していたことです。二〇〇一年にでて評判になった本です。

円本というのは、若い人にはもうなじみがないでしょうが、改造社の『現代日本文学全集』を皮切りに、当時、たてつづけに刊行された一円均一で買える安価な全集本のこと。新潮社の『世界文学全集』、平凡社の『世界美術全集』や『現代大衆文学全集』、春陽堂の『日本戯曲全集』、春秋社の『世界大思想全集』など、おびただしい種類の全集が全国の書店や安売り露店(いまでいう新古書店かな)にドッとでまわった。どれも五十巻から百巻ぐらいある大全集で、それがまたよく売れたんですね。円本ブームです。

そして同時に文庫ブーム。昭和二年、一九二七年の岩波文庫の発刊がきっかけになった。円本がおもに菊判（いまのA5判よりちょっと大きい）だったのに対して、文庫は手がるに持ちはこびできる小型本。新潮文庫、改造文庫など、こちらも古典や近代古典中心のよく似た文庫がバタバタと発刊される。さらに『文藝春秋』や百万雑誌の『キング』などがそこに加わり、一九二〇年代から三〇年代にかけての日本で、永嶺氏がいうところの「書物の大衆化装置」がいちどにでそろった。

永嶺氏によると、われわれの年代（中高年層）の日本人はよく電車で本を読んでいますよね、あの習慣が生まれたのもどうやらこの時期だったらしい。

関東大震災のあと、東京の「モダン都市」化がすすみ、地方出身のサラリーマン家庭が急増した。都市中間層の成立です。その若い会社員や官公吏が郊外の借家から都心の仕事場にかようための郊外電車網がととのい、通勤の車中で読む本が必要になった。その需要をみたしたのが円本や文庫本や雑誌で、それによって「車内読書」という新しい読書習慣が定着する。しかも、かれらにはつよい知的向上心がありましたからね。それらの本で家庭内に小さな私設図書館がもてるというのが大きなよろこびになったというんです。

「車内読書」もですが、この「家庭内図書館」というのも、私などの年代の人間には、たいへん納得がいく指摘なんです。

私がものごころついたころの敗戦後の日本はすさまじい紙飢饉でしたから、読むに足る新しい本がほとんどなかった。だから「のらくろ」や「怪人二十面相」などもふくめて、空襲で焼け残った戦前の古本や古雑誌にたよるしかない。その中心になったのが円本と文庫本です。『坊っちゃん』も『藤村詩集』も『鳴門秘帖』も『モンテ・クリスト伯』も『人形の家』も、みんなそれで読んだ。じぶんのところにないものは友だちの家から借りてきてね。だからまさしく図書館なんですよ。私のあと団塊世代あたりまでは、みなさん、ていどの差はあれ、親たちが若いころ乏しいサラリーをやりくりしてつくった家庭内図書館のおかげをこうむって暮らしてたんじゃないかな。

その意味では昭和はじめの円本ブームや文庫ブームが、それから五十年ちかく、日本人の暮らしを文化面で下支えしていたといってもいい。これが「本の黄金時代」の最初の峰です。

そしてつぎの曲がり角が五〇年代末から六〇年代にかけて。敗戦日本がようやくどん底から這い上がり、それまでの飢餓状態への反動という面もあって、出版界が急速にいきおいをとりもどしてゆく。出版ニュース社の『出版データブック（改訂版）』によると、敗戦の一九四五年にわずか六五八点だった刊行点数が、私が編集者になった六二年には一万三〇〇〇点ですからね。刊行点数が増えただけでなく、だす本の幅もひろがり、占領下ではだせなかったヨーロッパの新しい前衛小説や、従来の出版界からは敬遠されがちだったジャズや映画の本なども、しだいに楽にだせるようになっていった。

このいきおいはさらにつづき、七一年に二万点、八二年に三万点、九〇年に四万点、九四年に五万点、九六年に六万点、二〇〇一年にはなんと七万点越えです。ふと気がつくと、「同一コピーの多数同時生産」はついにこの段階にまで到達してしまっていた。なかんずく世紀末の十年の急上昇ぶりがいかに異様なものであったかということが、よくわかると思います。

しかも、これは日本だけのことじゃないんです。まず第一次大戦後、二〇年代から三〇年代にかけて、ついで第二次大戦後、英米仏をはじめとする当時の先進諸国でも共通しておなじような本の大衆化現象が見られた。以前は少数のエリートのものだった教養が一般に解放された結果、分厚い知的中間層が生まれ、それに並行して読み書き能力を身につけた大衆向けの出版が爆発的に拡大してゆく。いったん火がつくともう止められない。行きつくところまで、とことん行ってしまう。

ガブリエル・サイド氏の本から、もうひとつ、べつの対比を引いておきます。前者はグーテンベルク革命からの百年間にヨーロッパで出版された本の、後者は二十世紀後半の五十年間に世界で出版された本のおおよその合計——。

一四五〇年〜一五五〇年　　三万五〇〇〇点
一九五〇年〜二〇〇〇年　　三六〇〇〇万点

すごいですね。サイド氏ならずとも、思わず「本がいっぱい」と溜息をもらさざるをえない。いや溜息だけじゃないんです。かれの本のタイトルがso many booksとなっていてtoo manyでないことに注意してください。「いっぱい」だけど、でもそれを「多すぎる」とはいいたくない。サイド氏はなかば呆然となりながらも、同時に、むかしは僧侶や王侯貴族の占有物だった本が、私たちの二十世紀にいたってとうとうここまで開放された、なんといってもこれはいいことなのだ、とも感じているらしい。

——本が読まれていない、本は衰退しつつあるというが、そうじゃない。現に、いまはかってないほど大量の本が出版されている。その分、私たちは、かつてないほど多様な本を自由に読めるようになった。むしろ、本と読書にとっていまほどいい時代はない、と考えるべきじゃないのか。

こういう感じは、たしかに私なんかにもあるんです。かつて少年時代に体験した本や読書への飢えの深さを思いおこせば、ありあまる本にかこまれた現状はほとんど夢の国ですよ。技術革新と産業化によってはじめて実現した本好きたちのユートピア、つまり「本の黄金時代」。

そのことは私も否定しない。

3　売れる本がいい本

しかし残念ながら話はそこでは終りません。つまり、われわれの「本の黄金時代」はたんにピカピカ光り輝いていただけでなかった。じつはその背後に、暗い、ちょっと情けないみたいな一面をも併せもっていたということです。

印刷は「同一コピーの多数同時生産」のための技術である。この新しい技術にささえられて本は商品になり、出版は産業になった。もういちどいうと、それが「書物史」運動のまず最初にあった認識です。そしてこの傾向は産業革命によって加速され、二十世紀にはいって、商品としての本の大量生産、大量宣伝、大量販売方式を確立する。おかげで本の定価が下がり、王侯貴族や官僚や僧侶や大商人ではない一介のサラリーマンまでが、じぶんの家に小さな図書館をもてるようになった。たしかにそれはすばらしいことだったんです。

でも、あえてわかりきったことをいいますが、産業化を前へ前へと推しすすめたエンジンは利潤の追求ですよね。いったん起動したエンジンを止めずにいるためには、むりにでも人びとの本への欲求をあおりたて、たえず売上げを伸ばしつづけなくてはならない。結果として「なによりもまず売れる本を」というのが出版の至上目的になり、本のひたすらな大衆商品化がすすんだ。そこで思いだすのが森銑三の『書物』という本です。柴田宵曲との共著。戦争も終りにちかい昭和十九年に白揚社という出版社からでて、いまは岩波文庫にはいっている。そこにこんな一節があった。

> （……）出版業者に取っては出版は営業であり、営利ということが唯一のといって語弊があるならば、第一の目的となっている。売れそうな書物でなくては出そうとしない。あるいは売れそうな書物なら何でも出そうとする。そうした態度があまりにも露骨であったりする。（略）出版は道楽ではない。俺たちは商人だ。一も儲ける、二も儲ける、三も儲ける。儲ける一方で行こうという態度も、商人としては許容せられ、是認せられるのかも知れぬが、中には一年の儲けの何パーセントかを割いて、商品価値に乏しくて、他では到底手を著《つ》けそうにもない良書を進んで出そうとしてくれる、殊勝な出版業者などもあってよくはなかろうか。

ここで「営利が第一の目的となっている」というとき、きっと森さんは例の円本ブームに代表される昭和初年代の過熱した出版状況を思い浮かべていたんじゃないかな。そして一方、「商品価値に乏しくて、他では到底手を著けそうにもない」書物の例として頭にあったのが前代の写本のたぐい――。

さきほど私は、日本の出版産業化は木版技術の革新に支えられて江戸時代にスタートした、という意味のことをのべましたが、この種の、あえていえば、やや先走った考え方にたいして、先ごろ、近世文学研究の中野三敏氏が、いやいや、江戸時代でも「おそらくその絶対量から言えば、板本と写本の量はほとんど均等といってもよいはず」(『和本教室』、岩波書店『図書』連載)とやんわり異議をとなえ、それらの本、すなわち森銑三のいう「営利のみを目的とせざる」非印刷本(写本)を以下の六種に分類しています。

――①貴族文化の所産としての名家の自筆写本。②雑記、雑考、随筆などで、出版されなかったもの。③手控えの記録、日記、紀行など。④出版物の原稿。⑤実録と称する読みもの。⑥板本の写し。

どうやら中野氏はここで、出版産業化に向かっての動きが江戸時代に芽生えていたのは事実だろうが、その点だけを強調しすぎるとまちがうぞ、といっているらしい。欧米の「書物史」運動は産業化がようやく緒についた近代初期の出版状況につよい光をあてた。これは、その影響を多少なりとも受けてそだった世代の研究者への先輩研究者からの忠告なんでしょう。なるほどと私も思う。森さんも、江戸時代の出版については中野氏とおなじように考えていたのだろうと思います。

森銑三は一八九六年、愛知県の刈谷という小さな城下町に生まれた。少年のころから郷里の町立図書館で江戸期の写本や木版本にしたしみ、以来、一九八五年に八十九歳でなくなるまで、「方々の図書館に死蔵せられていて、閲覧人の殆ど全部が読んで見ようともしない写本の類を、出して貰って読み、そのなかから近世期の人物に関する資料を探し」だして、それらの人物の小さな伝記を書くという地味なしごとを生涯にわたってつづけた方です。

そんな人だから、とことん産業化し資本主義化してしまった二十世紀の出版システムには、すくなからぬ不信感をいだいていた。その仕事ぶりから、なんとなく穏やかな市井の人という印象をうけている読者も多いと思いますが、とんでもない。はげしい人なんですよ。激越といっていいほど猛々しい現代出版批判の言辞をくりかえし発しています。

ほかの商品とちがって、もともと本は究極の多品種少量生産品である。それがみずからの経験にもとづく森銑三の信念だった。そして、その理想化されたモデルとして想定されていたのが前代の写本、あるいはそれに類する少部数の木版本——。

おおぜいの人が日常的に本にしたしむようになるのはいいことだ。しかし、だからといって、あまりにも大量の本を節度をこえて売ろうとすれば、かならず新しい抑圧がはじまる。こんど抑圧されるのは大衆ではなく、いまや少数派と化しつつある伝統的な読書人の側である。かれらのささやかなたのしみを押しつぶして（あるいは二流の出版や読書行為とみなして）進行するたぐいの発展はけっして健全なものとはいえまい。

おおよそそんなふうに森さんは考えていたわけですが、かれにかぎらず、二十世紀も半ばをすぎると、さまざまな人が、過度に産業化し、資本主義化した出版への不信感を続々と表明しはじめる。たとえばテオドール・アドルノがそうです。森さんより七歳若いドイツの批判哲学者。そのアドルノが「ある書籍見本市に行って妙なわだかまりを感じた」と、一九五〇年代に「書物を愛する」（『アドルノ文学ノート2』所収、みすず書房）というエッセイにしるしている。

このわだかまりがどういうことなのか考えているうちに、これは書物が書物のように見えないことだと気がついた。消費者の要求だと、真偽はともかく、思われているものに合わせた結果、書物の様相が変わってしまったのだ。装丁が、どの国のものも、書物のコマーシャルになっている。（略）書物が読者ににじり寄って来る。書物はそれ自体で存在するものとしてあるのではなく、他者のためにある。（略）書物は自分自身をもはや信じていないし、自分を大切にも思っていない。これでは碌なことになるはずがない。（略）書物がみずからの形式への勇気を失ってしまうなら、この形式を正当ならしめるはずの力も書物自身のなかで脅威にさらされることになる。(恒川隆男訳)

そのとおりと賛成するのは簡単なんですが、うーむ、むずかしいところだな。

じつは私はアドルノがこう書いた十年ほどのちに編集者になったんです。そのころ、たとえば文庫本に色つきのカバーはついてなかったですよ。本体を半透明のパラフィン紙でくるんであるだけ。文庫だけじゃありません。岩波書店をはじめとする人文系の出版社がだす学術書は多くはクロース装で、馬糞紙《ばふんし》ふうの地味な紙函に収められていた。それらのあからさまに素っ気ない装丁や造本が、アドルノがいうところの「形式」として、その本が「消費者の要求」ではなく「それ自体で存在する」書物であることの証《あかし》になっていたわけですね。

そんな時代にあって、けっきょく編集者としての私は、その種の禁欲的な「形式」からはみだしてしまうような本を、それとは別の「形式」でつくりつづけることになった。若かったし、そうした自信たっぷりの「形式」に対する反発があったんです。とうぜん私みたいなやり方への批判もあった。たとえば、ある日たまたま高田馬場の喫茶店で顔を合わせた思想史家の藤田省三氏に、

「きみの出版社はなぜ本に著者の顔写真をのせるんだい？　本に書かれていることと、それを

書いた人間の顔にはなんの関係もないだろう」

と皮肉な調子で詰問されるとかね。

藤田さんは六〇年代がはじまって早々、これからは政治ではなく経済成長が人間を変えるだろうと予言し、二〇〇三年になくなるまで、一貫して、快楽原理によって崩れてゆく人間と社会を痛烈に批判しつづけた。そういう人です。その点ではアドルノとも似ている。藤田さんが本に平気で著者の顔写真をのせる津野の「コマーシャル」寄りの手法を苦々しく思う。アドルノが「コマーシャル」化した装丁を「書物が読者ににじり寄って来る」「これでは碌なことになるはずがない」と批判する。おなじなんです。

アドルノは正しい。もちろん藤田さんも。しかし、この正しさはちょっと狭すぎると私は思った。快楽主義になだれてゆく社会に、厚い板みたいに頑固な禁欲主義で対抗するのはむりがある。私はかれの批判にムッとし、本というものを、藤田さんやアドルノが考えるような禁欲的「形式」にとじこめることに反発した。そして、はでな装丁の本をたくさんつくった。

ですから、これはやはり「むずかしいところ」なんですよ。

アドルノや敬愛する藤田さんの批判にひとりの読者として同意するのはむしろ簡単です。でも私は抽象的な読者一般じゃない。日々、本という商品をつくり売りつづけることで、かろうじて生計をたてている編集者や出版人でもある読者なんです。そういう人間にとって、「読者にじり寄る」ことと「自分を大切に思う」こととは、アドルノがいうような黒か白かの選択の問題ではなく、両者のあいだに成立するバランスの問題になる。「自分を大切に思う」ことをやめずに、どうやって効果的に「読者ににじり寄る」か。そのバランスを具体的にどうコントロールするかですね。

しかし、ここまではまあ当然のことといっていいでしょう。「むずかしい」というほどのことではない。問題は、その当然のことが二十世紀が終わりに近づくにつれて、しだいに困難になってきたことです。原因は本が売れなくなったこと。

いや、発行点数は増えているんですよ。私が編集者になった一九六二年には一万三〇〇〇点だったのが、まえにいったように、ほぼ十年に一万点の割合で増えつづけ、九〇年には四万点、その後はさらにピッチをあげて二〇〇一年には七万点をこえてしまった。そしていまは八万点と九万点のあいだ――。

では、それに比例して売上げがぐんぐん伸びているかというと逆です。戦後、ひたすら右肩上がりの成長をつづけてきた年間売上高が九六年をピークに下がりはじめ、そのまま現在まで減少しつづけている。いわゆる出版不況ですね。売れないから、返品がふえたから、その分をおぎなうために発行点数を増やす、なかば自虐的な気分で増やしつづけるしか手がないという構造的な自転車操業状態におちいってしまった。

こうした状態がだらだらつづくなかで出版業界に追いつめられた気分が蔓延し、私が若かったころにはまだ可能だった「自分を大切に思う」ことと「読者ににじり寄る」こととのバランスが、にわかにとりにくくなる。目前の危機にいそいで対処しようとあせるあまり、秤《はかり》の重点が商品としての本を売ることのほうへ一方的に傾き、それが慢性化してしまったんです。アドルノ、藤田省三、そこに森銑三を加えてもいいと思いますが、かれらのきびしい批判にそれなりのプライドをもって現場で対抗する余地がじわじわと失われてゆく。くやしいし腹が立つ。「むずかしい」と私がいうのはそこのところなんです。

このさき日本の出版業がふたたび二十世紀中盤のいきおいを取りもどす可能性はあるのだろうか。残念ながら、ないと私は思います。先見の明をほこるつもりはありませんが、そのことは世紀が変わるまでにはもうわかっていた。

ただし、わかっていなかったことがひとつある。それがこの文章の冒頭でのべたことなんです。つまり、私たちが生きていた二十世紀というのはじつは普通の時代ではなかった、きわめて特殊な、よくもわるくも異常な時代だったということ――。

私たちは、歴史上かつてない速度で増えてゆく大量の本にかこまれ、歴史上はじめて社会のあらゆる階層に一気にひろがった無数の読者のひとりとして、あの時代を体験した。しかもそれを普通の状態だと錯覚して……。そのだれにも当然のものと思えた「本の黄金時代」が、いま不意に終りにさしかかっている。しかも終りは世界規模であり、日本の出版不況はどうやらその世界規模の終りの過程に生じた現象のひとつにすぎないらしい。いやはや、ですよ。十年まえには、正直いって、そこまでは考えていなかった。

4　そして人が本を読まなくなった

それでも、いざそう考えてふり返って見ると、森、アドルノ、藤田といった人たちの批判もふくめて、急激な成長がみずからの終りを準備し、この黄金時代はいずれ崩れるしかないんじゃないかという予感が、一九五〇年前後から、けっこう多くの人のうちに生じはじめていたらしいことがわかってくる。

たとえば「いまの学生は本を読まない」と、よく大人たちが嘆いていますよね。いちおう、もっともな嘆きといっていい。私も二〇〇一年に、ある小さな大学でおしえはじめて、あまりにも学生たちが本を読んでいないことを知って愕然としました。

それで最初の年、授業で五十人ほどの学生にアンケートをとってみた。さすがに一年に一冊も読まないという者はいなかったが、ひと月に五冊読むという学生もきわめてすくなかった。たいていは月に一冊か二冊ていど。しかもライトノベルとか、そういうのが多い。他大学の教師たちの話をきいても、東大や早大のような有名校もふくめて、ていどの差はあれ、学生の多くがあまり本を読んでいないというのは事実なんじゃないかな。

ただ、事実なんだけれども、若者が本を読まなくなったと嘆く大人たちは、教師とか親とか勤め先の上司とか、おもに四十代後半、五十代から上の人たちですよね。そしてどうやらかれらには、私はちがう、われわれの世代はもっと沢山の本を真剣に読んでいたぞ、というかつての読書体験への自負心みたいなものがあり、それを基準にいまの学生を批判しているらしい。でも、これ本当なのかな。本を読まない学生もですが、むしろ私はそちらのほうにちょっとひっかかるものを感じるんです。

じぶんのことを考えても、たしかにいまの大学生にくらべれば、かつての若者や学生はよく本を読んでいたと思う。でもね、そうじぶんで思い込んでいる大人連中にしたところで、じつは若いころ、「いまの若者は本を読まない」と、上の世代からさんざんバカにされたり嫌みをいわれたりしていたにちがいないんです。みなさん、そのことをすっかり忘れているんじゃないか。

私は忘れていません。たとえば、かつて中村草田男という高名な俳人がいた。一九〇一年、明治三十四年生まれ。松山の人。松山高等学校から東京帝大ドイツ文学科。だから、モロ旧制高校時代の人ですね。大正教養主義の流れにまっすぐ立っていた人――。

この中村草田男が一九六五年に「学生と読書」(『中村草田男全集11』所収、みすず書房)という随筆を書いている。私が大学をでた二年後です。ところどころ飛ばして読んでみます。

現代の生徒および学生――小学生から大学生にいたる各年齢層――が、戦前の時代に比較すれば、共通してほとんどといっていいくらいに、当面の課題範囲以外の読書に自発的につとめることが無くなりつつある。(略)電車内に席を占めている小学生は、ただその間の時間つぶしのためだけにはなはだニヒリスティックな無表情さで漫画本の頁を繰っているに過ぎない。(略)大学生たちは、これも同様に電車内での空白時間の大部分をチュウインガムを嚙むことによってまぎらわしている。その時間内の彼らの頭脳中には意識の流れというような思惟の流れは存在していないのである。完全に空白な時間なのである。

ちょっとおどろくでしょう。いまとおなじなんです。この「学生と読書」を書いたとき、草田男は成蹊大学の先生だった。で、いまの大学教師が「最近の学生は本を読まなくなった」というのとおなじことを、半世紀まえに、ほとんどおなじ口調でいっていた。

なぜ、かれらは本を読まなくなったのか、原因は三つある、と草田男先生はおっしゃいます。この三つの原因もいまとおなじ——。

(原因1) 占領下の国字国語改革——それによって大学生の「日本語に対する関心と知識」が低下し、いまや「彼らの読書力そのものの貧弱さは形容を絶したものがある」。

(原因2) 進学地獄——幼稚園入園のための予備校まで出現し、「日本の若いジェネレイションは少年時代青年時代を通じて」「徒に幅広くなった進学のための解説的知識を機械的に受けとることだけに追い立てられつづけて」「それ以外の範囲の一般読書のための余暇と余裕を持つことを許されていない」。

(原因3) 視聴覚文化の氾濫——「テレビもしくは映画の前に身を置いてさえいれば、割りきれた明瞭きわまる『形象』がつぎつぎに後を追って登場してきて、画面的説明を最後まで遂行してくれる」のに慣れて、「割り切れていない無形の、しかも活きたる有機体的なミクロコスモスの中へ突入すべく、われわれの方から全力をあげて一種の格闘をいどんでいかなければならない」「読書という営み」に、ついていけなくなってしまった。

とうてい五十年もまえの発言とは思えない。

一番目の日本語能力と読書力の低下。いまはさらに惨憺たる状態になっています。でも基本的にはおなじ。おかげで日本語ブームがくりかえし起こり、漢字検定などというわけのわからんものがはやる。

二番目の進学地獄、受験戦争についても同様。大学全入化にもかかわらず、おなじ現象がさらに息苦しいしかたでつづいている。

三番目の視聴覚文化の氾濫。テレビや映画が持つ力はいちじるしく低下したが、かわりにインターネットや携帯電話に代表される生活環境そのもののデジタル化、オーディオ・ビジュアル化が一気にすすんだ。じぶんのまわりに途切れ目なく押し寄せてくる強烈な「形象」によって、こちらから「全力をあげて一種の格闘をいどんで」いく気力や能力がいまにも失われそうになっている。おなじだと思います。

ちがうのは、草田男先生の時代は高度経済成長が開始されてまもない時期だったということですね。若者をターゲットとする商品化社会はまだ完成にはほど遠く、サービス産業も素朴で幼稚な段階にあった。そのぶん、いまよりものんびりした面があった。とはいえ、当時の大人が新しく登場した若い世代、とくに「本を読まない大学生」に対していだく不安は、かなりのものだったろうと思います。とつぜん、空っぽ頭の、わけのわからん連中がでてきたぞ、という印象があったにちがいない。

では、一九六五年という時期に中村草田男は一体だれを批判していたのか。ズバリといってしまえば、この私なんです。

この文章を当時、私は読んでいません。でも、もし読んだとすれば、ここで批判されている「現代の生徒や学生」とはオレのことだときっと思ったでしょうね。なるほど若い私はかなりの量の本を読んでいた。それは事実ですが、私の読書にはもう、年長の人びとの読書をささえてきた精神の集中力、モラル・バックボーン、草田男先生のいうような「格闘」の要素はめだって乏しくなっていた。その自覚はありました。それに、そのころ私は吉祥寺の成蹊大学のすぐそばに下宿していましたからね。中央線か井の頭線の車中で実際に草田男先生とすれちがっていた可能性だってなきにしもあらずなんです。

中村草田男の批判からわかるのは、「最近の学生は本を読まない」という大人たちの嘆きが、いまとおなじ内容、おなじ強度で、すでに六〇年代の日本にも存在していたということです。しかも六〇年代だけ、草田男先生だけのことではない。おなじ嘆きが、戦後、読書のスタイルや環境が変わるたびに繰りかえし表明されていた。

ここで草田男を嘆かせている「はなはだニヒリスティックな無表情さで漫画本の頁を繰っている」小学生たちはやがて大学生になります。電車のなかでマンガ週刊誌に読みふける大学生、つまり団塊世代の登場です。かれらより十歳ほど年長にすぎない私ですら、最初にその現場を目撃したときは度肝をぬかれた。しかも電車だけじゃないんです。喫茶店でデートしている男女が、向かいあって、ただ黙々とマンガを読んでいる。おまえら、なんのためにデートしてるんだよ、と見ていてイライラした。

そして、つぎの変化の時がその十数年後、一九八〇年代の前半です。いまとおなじく、あの当時も、出版界周辺では「活字文化があぶない！」という危機意識が急につよくなっていた。ただし統計で見ると、このころ本の売れ行きがとくに急激に落ちたわけではない。その逆です。返品こそふえたが、年間発行点数も総発行部数も実売金額も、むしろ安定して増えつづけていた。それなのに、あの時期、なぜあんなに声高に「活字の危機」が叫ばれていたのか……。

よくわからないんですが、たとえば、それまではまあまあよく売れていた堅めの本がしだいに売りにくくなった。どうやら、この手の本の主要な購買層だった大学生や若い人たちの関心が、べつの方向へシフトしはじめているらしい。私が身をおいていた広い意味での人文書の世界に、そういう実感がじわじわと生じていたのは事実です。若い連中がかたい本を敬遠し、集中力ぬきで読める、肩のこらない、やわらかい本にしか関心を示さなくなった。当時はやりの四文字語でいえば、「重厚長大」から「軽薄短小」への変化です。

そういえば「雑高書低」ということばもあったな。七〇年代の終りから八〇年代はじめにかけて、年間の売上高で戦後はじめて雑誌が書籍を抜き去る。出版産業の中心が書籍から雑誌へと足早に移ってゆく。そのはじまり――。

しかもこのころになると、雑誌自体がすでに総合雑誌や文芸雑誌のような伝統的な活字中心の「読む雑誌」ではなく、七〇年代のマガジンハウスの突進にひっぱられて、いまあるような「見る雑誌」、大量の広告がはいったカラーの大型ビジュアル誌に変貌していましたからね。こうしたビジュアル誌のターゲットは、いうまでもなく若者、学生、若い女性たちです。読むかわりに見る。団塊世代のマンガへの熱中にはじまる若者の「活字ばなれ」(これも当時の流行語)が、この先もますます進んでいくのではないか。「活字文化があぶない!」という出版人の悲鳴には、ひとつにはそういう予感がふくまれていたんだと思います。

それやこれや、ようするに若者が大人によって「本を読まない」と批判されるのは、なにもいまにかぎったことじゃないんです。学生についていえば、いつの時代でも、その時々の大学生や高校生は、それ以前の世代にくらべると覿面《てきめん》に本を読まなくなったと感じられていた。

しかも戦後だけの傾向でもない。最近たまたま知った例でいえば、すでに昭和十年、一九三五年に、英文学者の平田禿木が「趣味としての読書」というエッセイで「今日の若い人達の間に如何にして趣味としての読書が閑却されてゐるか」について縷々語っています。中村草田男のいう「戦前の時代」の学生たち、つまり草田男ご本人の世代の、むさくるしい寮の一室で内外の古典や新しい海外思想に懸命に食らいついていたはずの教養主義全盛期の旧制高校生たちでさえ、じつは大人からはそう見られていたんです。この文章はいまは「青空文庫」で読めます。青空文庫、すなわち日本で最初のオンライン電子公共図書館。私はiPhoneから接続して読んだ。なんだか皮肉な気がしないでもない。

こう見てくると、二十世紀という「本の黄金時代」が、同時に、豊富化ゆえの読書習慣の衰退へのおそれが絶えない時代でもあったということがわかるんじゃないですか。勢いにのって階段を上ってゆくと、上るはしから足もとで階段が崩れてゆく。そういうイメージ――。

いまの若い連中が本を読まないのは事実です。でもかれらは、なにもかれらだけで本を読まないんじゃない。かれらを批判する大人たちといっしょに本を読まなくなっているんです。大人たちが「本を読まない」と嘆く若者もまもなく大人になり、あとにつづく若者たちの活字ばなれを嘆きはじめる。こうして「まえの時代にくらべて本を読まない人たち」の層が順々にかさなってゆき、ふと気がつくと、若者だけでなく社会を構成する人間が全体として本を読まなくなっていた。だから「狼が来た」なんですよ。「狼が来たぞ！」という空しい叫びを何度も繰りかえすうちに、とうとう白い牙をむきだした本物の狼が出現してしまった。

その牙が私たちの目に最初にはっきり見えたのが、日本でいえば一九九七年に、こんどこそ本物の出版危機がはじまったときです。とつぜん本の売れ行きが落ち、二十一世紀になったいまも、その低落のいきおいがとめどなくつづいている。本の力が黄金時代の水準をとりもどすことは、世界的に見ても、もう不可能と考えるしかないだろう。そして奇しくも、といっていいと思いますが、その本と読書のどんづまり状況に電子化がピタリと重なってきた。そういうことじゃないかと思うんです。

5　本の電子化はいつはじまったのだろう

ここでもういちど「書物史」運動について——。

この運動の起りは一九三〇年代のフランスで開始されたアナール学派の歴史学にあったようです。マルクス主義史学をふくむ従来の歴史学が戦争や政治などの大きな事件を重視したのに対して、こちらの歴史学は、その時代時代を生きていた有名無名の人びとの日常生活の細部、その心性、かれらがなにを信じ、どんなふうに感じたり考えたりして暮していたかをこまかく調べ上げ、そこから新しい歴史学を組み立てようとした。

そのアナール学派の中心にいたのがマルク・ブロックとリュシアン・フェーブル。そしてそのフェーブルが、一九五八年に若い書誌学者のアンリ゠ジャン・マルタンと組んで『書物の出現』という大著を刊行し、これが「書物史」運動のはじまる直接のきっかけになった。このことにはすでに触れました。グーテンベルクに発する印刷革命によってヨーロッパに近代的な出版産業が成立する。その過程をはじめて顕微鏡的な微細さであとづけた本です。もっともフェーブルは一九五六年、構想を組み立て、序文を書き上げたところで七十八歳で死んでしまいましたから、あとはすべてマルタンがひとりで書いた。そのフェーブルの手になる序文にこんな一節がある。

西洋社会のただ中に出現した「書物」は、一五世紀中葉から普及し始め、二〇世紀中葉の現在では、全く異なる原理にもとづく数々の発明によって脅かされ、今後も永らくその役割を演じ続けられるかどうかが危ぶまれている。（長谷川輝夫訳。筑摩書房版による）

そういうことなんです。アドルノが「書物が書物でないものになった」と嘆いたのとおなじ一九五〇年代、つまり「本の黄金時代」のまったただなかで、最晩年のフェーブルもまた、五百年まえに「西洋社会のただ中に出現した」書物が、これからもそのままのしかたで生きつづけられるかどうかを心配していたらしい。

ただし、ここでかれが「全く異なる原理にもとづく数々の発明」といっているのは、もちろんコンピュータではありません。映画やレコードにはじまってテレビにいたる二十世紀の新しい視聴覚メディアのことです。

欧米の「書物史」運動の深層には、もともと、「西洋社会」が生んだ（とかれらが考える）印刷という複製原理と、そこにはじまる近代出版業が達成した「黄金時代」への強烈なプライドがあったと思います。と同時に、そのプライドのさらに奥ふかいところに、もうひとつ、印刷とは「全く異なる原理」にもとづく新来の視聴覚技術へのおそれと、いずれはそれが「書物の消滅」をまねいてしまうかもしれないという不安が、ひそかに埋めこまれていた。フェーブルの序文は、欧米の研究者の書物史への関心の高まりの裏にそうした二重の意識がかくされていたらしいことを示している。

でも、かさねていいますが、このときはまだ、フェーブルの目にコンピュータは見えていません。では一体いつ、コンピュータが本の運命に直接かかわる技術として登場してきたのか。私は一九七〇年代の初頭だと考えています。

その当時、イリノイ大学の学生だったマイケル・ハートという人物が、文字や数字などの記号をそこに表示できる以上、コンピュータ画面もなんらかの本になりうるのではないかと思いついた。で、まず「アメリカ独立宣言」を自分でタイプし、それを大学のメインフレーム・コンピュータ（大型汎用コンピュータ）につながる端末（処理能力も記憶能力もない小型コンピュータ）の小規模なネットワーク（インターネットの前段階）をつうじて友人たちに送りつけた。おそらくこれが人類史上はじめての電子本だったのではないか。

いいかえれば、最初、情報生産の道具として誕生したコンピュータが、このときはじめて情報の消費のための道具になった。情報とか消費と呼ぶのはすこしつらいから、いいかえますと、コンピュータがこのときはじめて人間が読書するための道具になった。その未来がチラッと見えてきた。

そして一九七一年、ハートはおなじ大学のおなじコンピュータをつかって、「プロジェクト・グーテンベルク」という電子公共図書館計画をスタートさせます。著作権の切れた作品を、ボランティアのスタッフが手入力でデジタルテキスト化し、最初はたしか八インチのフロッピーディスク、のちにはインターネットをつうじて無料で配布する。この方式が世界中にひろがって、各地に私設の電子公共図書館が出現した。一九九七年に富田倫生《みちお》氏を中心に設立された「青空文庫」も、その代表的なひとつといっていいでしょう。

ただ、本と読書の電子化という領域にかぎっていえば、その後の変化はまことに遅々たるものでしたね。私がパソコンをつかいはじめたのは一九八七年ですが、そのころ、この領域で話題になっていたのはDTPです。デスクトップ・パブリッシング（卓上出版）。だから「電子本」ではなく「紙と印刷の本」生産のための新技術。ただしこの段階では、あくまでも個人や小集団のための技術で、プロの印刷人や出版人は腹の底でバカにしていたんじゃないかな。

そんな状態のなかで、九〇年代、つまり二十世紀の最後の十年間がはじまる。その前半期に生じた大きな変化といえば、なんといっても、マルチメディア技術の確立と、それにつづく一般社会へのインターネットの登場（それまでは利用の範囲を軍や政府機関や大学などに限定していた）でしょう。この二つによって、いまにつづくデジタル環境の基盤がようやくととのった。

でも、そのことを話しはじめるときりがなくなりそうなので、ここでは省略。その二つの基盤技術をのぞくと、とことん独断的にいいますが、この時期、本の電子化にかかわる技術や構想で、あとにつながるものとして成功したのは以下の三つしかなかったと思います。

① エキスパンドブック（一九九二年）
② インターネット・アーカイブ（一九九四年）
③ OPAC（一九九五年）

ざっと説明しておきましょう。

まず①の「エキスパンドブック（機能拡張本）」は、出版都市ニューヨークそだちのボブ・スタイン青年がサンタモニカで設立したボイジャー社が、ルイス・キャロルの『不思議の国のアリス』やマイケル・クライトンの『ジュラシック・パーク』などを皮切りに、最初はフロッピーディスク、つぎにCDのかたちで刊行した電子本シリーズの名称です。これは日本語名称で、正確にいうと、エキスパンデッド・ブック――。

このシリーズによって、ページめくりとか全文検索とかムービーとか音声とか、印刷本のしくみをまねつつも、それを電子的に強化《エキスパンド》した電子本のかたちがはじめて明確に示された。つづいて、このタイプの本を自作するツールキット、印刷本でいえばDTPにあたる電子本の作成ソフトが発売される。日本でも新潮社の『新潮文庫の一〇〇冊』や講談社の『群像総目次』など、いくつかの電子本がこのソフトによって作成されています。

ここで注目すべきなのは、このツールキットが書物生産の道具であると同時に、私たちが電子テキストを紙の本を読むように読むための読書装置《リーダー》でもあったことです。じぶんで書いたりインターネットで入手したテキストをこのソフトに読み込むと、それをスクロールではなくページをめくって読む本のかたちにしてくれる。電子的な巻物が一瞬にして電子的な綴じ本に変わる。もちろん注付けや検索も可能。私は手もなく感動しました。だれもそういいませんけどね、いまある電子本や読書装置のかたちや仕組みは、すべてここからはじまったといっていいんじゃないかな。

そしてつぎが②のインターネット・アーカイブ。つまりインターネットで利用できる電子書庫。記録保存所。カッコのなかの年号「一九九四年」は、その草分けともいうべきアメリカ議会図書館の「アメリカン・メモリー（アメリカの記憶）」計画が発足した年です。同館が所蔵する約一億タイトルの歴史資料（文書、写真、ポスター、映像、音声、レコードなど）のうち五〇〇万タイトルを二十世紀中にデジタルデータ化し、インターネットをつうじて、ひろく全世界に公開していこうという壮大なプロジェクトでした。いや、「でした」じゃないですね。さらに強化されて二十一世紀の現在も継続中です。

ブログやツイッターやユーチューブやフェースブックのようなソーシャル・ネットワーキング・サービスがインターネットの一方の極にあるとすれば、もう一方の極にこの種のデジタル・アーカイブがある。

その後、この「アメリカン・メモリー」をモデルに、世界中で、さまざまなタイプのアーカイブが構築されています。膨大な資料を、文字資料と視聴覚資料をひっくるめて、高度の厳密性をたもちつつ、どうやって一般利用者にもあつかいやすく、しかも美しくデータベース化するか。それがアーカイビストの腕の見せどころになる。その点になると、国立国会図書館の「近代デジタル・ライブラリー」などもふくめて、残念ながら、日本のものはいささか以上に野心と迫力を欠く。センスや思想的な厚みにも乏しい。極の一方が欠けたままのインターネット世界。なんとかならないものだろうか。

③のＯＰＡＣは、Online Public Access Catalogue の略語です。インターネットでだれもが

利用できるデータベース化された書誌カタログ。ふつう、「オーパック」と発音します。もともと図書館から生まれた用語のようですが、オンライン書店のアマゾンによって、その威力のほどが、はじめて一般にひろく知られるようになった。カッコ内の年号「一九九五年」は、そのアマゾンがアメリカでサービスを開始した年（日本では二〇〇〇年）――。

私もそうでしたが、日本の出版人のほとんどは自社刊行物のデータベース化にはまったく無関心でしたよ。それがアマゾンの出現によって一変した。いわゆるロングテール効果で、とみに売れなくなっていた旧刊本の在庫がふたたび動きはじめるかもしれない。そういう希望も生じてきた。

じつは本家本元の図書館ですらそうなんです。大学図書館につづいて、公立図書館のＯＰＡＣ化が一気にすすんだのも、アマゾン・ショックのせいが大きいと思う。

今世紀のはじめ、インターネットでの予約が可能になり、と思ったら、たちまち多くの地域で複数の図書館蔵書の横断検索ができるようになったでしょう。書店と図書館、つまり有料と無料の書物流通のふたつの場で、データベースがめざましい力を発揮するようになった。そのことがだれの目にもはっきりと見えてきた。いま図書館の貸しだしカウンターに並んでいる人の半分はネットで予約した人たちなんじゃないかな。書店がすでにそうなっているように、図書館にも現実のものと電子的なものと、二つの入口ができた。この変化はきわめて大きいと思います。

6　二十一世紀ゼロ年代に起ったこと

　こうした試みをつうじて、印刷本だけが本ではない、という意識が九〇年代に徐々につよくなっていきます。これまで私たちが伝統的に「本」と考えてきたのは、「複数の印刷された紙をきつく綴じて、ページ番号をふり、ちょっと厚めの表紙をつけたもの」ですね。でも近い将来、もしかしたら、そういうかたち（形態）ではない本や、それにもとづく新しい読書習慣が本当にできてくるかもしれない。そういう揺れがはじめて私たちのうちに生じてきた。

　ただし、インターネットをつかって紙の本という物質を売買したり、貸し借りする仕組みはできても、電子の本を、つまり物質ではないデジタルデータを、どうすればインターネットで売ったり買ったり、貸したり借りたりできるのか。その方式はこの段階ではまだまったく見えていません。

　ところが二十一世紀にはいると、その状況が急に大きく変わった。ご存じのとおり、今世紀の最初の十年間に、本そのものの生産や流通、私たちの本とのつきあい方までをもまるごとひっくり返しかねないようなできごとが、たてつづけに生じたからです。なかでもっとも重要と思われるできごとを三つ、以下に列挙しておきましょう。

④ アップルの iTunes と iTunes ストア（二〇〇三年）
⑤ グーグル・ブック検索《サーチ》（二〇〇四年）
⑥ アマゾンの電子本リーダー「キンドル」（二〇〇七年）

この三つのできごとの結果として見えてきたことを要約してみます。
まず④の iTunes と iTunes ストアについて――。
携帯型のオーディオ・プレーヤー iPod で音楽をきいたり管理したりするために、アップルが iTunes というソフトを開発し、それに対応する独自の売場をインターネット上にひらいた。それが iTunes ストア。その成功によって、ここまで徹底的にやってみせないかぎり人びとはデジタルデータを買わないのだという流通の勘どころ、データビジネス成立の最低ラインらしきものがやっと見えてきた。そこがポイントですね。
iTunes ストアにはいると、まず電子化されたカタログをつかってほしい曲をさがす。だからこれもＯＰＡＣです。インターネットから利用できる電子的カタログ。十年まえにアマゾンが採用して普及したのとおなじやり方です。ちがうのは、アマゾンで売り買いされているのが物質としての本なのに対して、iTunesストアの場合はデジタルデータ化された音楽、つまり物質ではないということ。

すべての曲を三十秒ほど試聴できる。ほしい曲を注文すれば、iPadにかぎらず、デスクトップ・パソコンからでも、いまならケータイやiPhoneからでも、その場で、あっけないほど簡単に、しかも安めの価格でダウンロードできる。アルバムまるごとでもいいし、バラ売りもする。なるほどね、売れないと思われていたデジタルデータでも、ここまでやれば人は買うんだな。自分で買ってみて、そう思いました。二十世紀の最後の十年には、だれもここまでは踏み切れなかった。

これは本の場合もおなじです。

九〇年代なかばのアマゾン・コムの成功によって、物質としての本の流通はオンラインでも可能なことがわかってきた。でも物質であるかぎり、倉庫とか宅急便とか、物流のしくみは基本的には動かしようがない。そこまで変えるとすれば、音楽のように、本そのものをデジタル化してしまうしかない。

デジタル化それ自体は、スキャナーやＯＣＲ技術の向上のおかげで、かなり容易になっている。でもそうやってデジタル化された本に、はたして人は金をはらうだろうか。

それをたしかめるべく、アメリカだけでなく日本でも、大百科事典とかマンガ週刊誌とか、フロッピー・ディスク段階からインターネット時代まで、出版業界もデジタル業界も苦心惨憺、いろいろやってはいたんですよ。ボブ・スタインの盟友、萩野正昭ひきいるボイジャー・ジャパン（当時。現ボイジャー）の日本版「エキスパンドブック」のように、舌をまくほど完成度の高いものもできてきた。しかし結局、どれも失敗に終った。だれもそれに金を払おうとしないということが明白になっただけ。

ところが世紀が変わって、アマゾンの「キンドル」がiTunesストアにならってインターネットに売場を開設し、電子本の流通もおなじ方式でやれるとわかったことで様相が一変する。iTunesの成功によって、われわれの社会に、物質ではないものを売る、人びとを買う気にさせる流通システムの基本が定着しはじめていたんですね。でも、その点についてのべるのはあとにまわして――。

iTunesがデジタルデータ流通の突破口をひらいたとすれば、本のなかみのデジタル化でおなじことをやったのが、⑤のグーグル・ブック検索《サーチ》です。

二〇〇四年の年末、グーグルが、ハーバード、スタンフォード、ミシガン、オックスフォードの各大学図書館、それにニューヨーク公共図書館という米英の五つの巨大図書館と提携して、あわせて一五〇〇万点の蔵書、ひいてはこれまで出版された印刷本のすべてをデジタル・スキャンし、そこから作成した電子テキストを世界中からオンラインで利用できるようにする、という大計画を打ち上げた。人類がつくりだした本のすべてを網羅的に収集蓄積した「全世界図書館」という夢の実現。だから最初のうちは「グーグル・プリント」とか「全世界図書館」プロジェクトと称していました。あとからそこに、いま流通している新刊本を加えて「グーグル・ブック検索《サーチ》」と呼ぶようになった。

そのころ私はまだ現役の編集者でしたが、この計画につよい衝撃をうけました。

もちろん私も、いずれはすべての印刷本が網羅的にデジタル化されてしまうだろうと考えてはいたんです。でも「印刷本のすべて」というと一億タイトルをこえます。ほとんど「人類の知的資産のすべて」というにちかい。それをことごとくデジタル化するとなると、もしかしたら百年、すくなくとも五十年はかかるんじゃないか。そう漠然と考えていたのに、とつぜん、それが私の生きているあいだに実現してしまうかもしれないことになった。私ならずとも、たいへんなショックだったんです。

人類はこれまで、粘土板も竹簡もパピルスの巻物も羊皮紙本も、つまり人類の知的資産のほとんどを「紙と印刷の本」というカタチに変形し、それをいつでも利用可能なしかたで（たとえば図書館）責任をもって保存しつづけてきた。その事実こそが、ギリギリのところで、これまで紙の本が保持してきた文化的優位性を保証しているといっていい。活版印刷術が出版を産業化し極度に資本主義化したというのは事実ですが、それでもまだ「儲ける一方」だけだったわけじゃない。

さて、するとどうなるか。

グーグルという一企業のビジネス上のおもわくがどうあれ、かれらの「全世界図書館」プロジェクトは、従来、紙の本に担わされてきた文化的・社会的責任をこれからはわれわれの電子本がひきつぐぞ、ないしは分担するぞ、という勇気ある意思表明の一面を持つことになってしまう。網羅的収集や蓄積というのはそういうことです。いやもおうもないんです。

その点では、二十一世紀初頭に生じた三つのできごとのうちで、あんがい、このプロジェクトがいちばん大きな意味を持っているのかもしれません。もしこの計画がほんとうに実現したら、後世、グーテンベルクの発明に匹敵する歴史的大事件として長く記憶されるのは、iTunesでも「キンドル」でもなく、このグーグル「全世界図書館」プロジェクトということになる可能性だってないではない。はんぶんは冗談ですが、はんぶんは本気で私はそう考えています。

極端なことをいえば、グーグルの意図なんかどうでもいいんですよ。

フランケンシュタイン博士の意図がどうあろうと、かれが生みだした「怪物」はそれ自身の生理にしたがって世界中を勝手に放浪しはじめてしまった。

それとおなじ。たとえば、かれらの図書館プロジェクトにショックをうけた世界中の図書館が、ヨーロッパでも中国でも韓国でも、これまでグーグルに協力してきた大学図書館群や、いつも動きのおそい日本の国立国会図書館ですら、それぞれの文化的・社会的責任をはたすべく重い腰を上げはじめている。わずかながらもその気配が感じられるようになった。そして、そのことはやがて電子本に新しい正統性をあたえることにつながっていくにちがいない。希望的にいえばですよ。そちらのほうがよほど重要なできごとじゃないかと思うんです。

そこで、さきほどもちょっと触れた⑥の「キンドル」です。

まとめていえば、iTunesによってデジタルデータ流通の仕組みがまず提示され、つぎに「グーグル・ブック検索《サーチ》」によって無尽蔵のコンテンツ確保のメドがついた。となると、こんどはデジタルデータを気持ちよく読むための道具、高性能の小型読書装置《リーダー》がほしくなる。そこに登場したのが「キンドル」だったという順序ですね。

どうやればコンピュータでも、紙の本と同様に、一定のまとまりをもった文章を、しっかり気持ちよく読むことができるようになるだろうか。その苦闘の前史をたどると長くなるので省略して、九〇年代に、読書専用の小型プレーヤー開発という方向でまず走りだしたのが日本です。おそらくソニーの「ウォークマン」(一九七九年発売)成功の強烈な記憶があったからでしょう。その線上でNECの「デジタルブック」(一九九三年)からソニーの「リブリエ」(二〇〇四年)まで、新しい電子本リーダーが次つぎに発表されたことは記憶に新しい。

対するにアメリカでは、専用のハードウェアではなく、すでにあるパソコンのスクリーンをソフト的に本に変えるというやり方のほうをえらんだ。ボイジャーの「エキスパンドブック・ツールキット」もそうですが、世紀の変わり目には、マイクロソフトの「マイクロソフト・リーダー」が「紙の本は死んだ!」という煽り文句つきで大々的に発売されています。あれもパソコンを読書装置化するためのソフトでした。それにしても、アドビによるPDF技術の開発(インターネット以前、データのやりとりは三・五インチのフロッピーディスクでという時代の話です)以降、IT企業による「紙の本は死んだ!」という一方的かつ無責任な宣告をどれだけ聞かされつづけてきたことか。だからこれも「狼がきた!」の一種なんです。そしてたぶん、いまもおなじ——。

しかし、ハード中心とソフト中心、どちらのやり方をえらぶにせよ、あいては人類が何千年もの歴史的蓄積の上につくりあげた紙と印刷の本です。完成度の高さからいっても、読者との親密な関係の深さからいっても、なまじなことではかなうわけがない。じっさい、これらの試みは例外なく、あっというまにすがたを消してしまいました。――と思ったら、とつぜん、そこに「キンドル」が飛び出してきた。あんなもの売れるわけがない、とアップルのスティーブン・ジョブスが冷笑していましたが、ジョブスならずとも、なにをいまさら、とたいていの人があきれたんじゃないかな。

ところが売れたんですね、これが。九〇年代の経験からすれば売れるわけのないものが売れ、受け入れるはずのない読者がよろこんでそれを受け入れた。「キンドル」についていえば、私はその意外性がすべてだと思います。

外見は一枚の厚い板です。タブレット型。つまり「書板」ですね。むかしは粘土板や石板や蠟板だったけど、いまは金属やプラスティックと強化ガラスの板で、そこに電子インクでテキストを表示する。目下のところは白黒ですが、すぐにカラー化されるでしょう。電子インクは、説明は略しますが、すでにソニーが「リブリエ」で採用しています。しかし「見開き二枚」方式で、かさばって重たい「リブリエ」は、まったく売れなかった。

では仮にあれが軽い「一枚の板」方式を採用していたらどうなっていただろう。とうてい売れたとは思えません。ちがいは、「リブリエ」にはそれで読める本が極度にすくなかったのに対して、「キンドル」にはそれが豊富にあったことです。すでに四五万点の電子本（二〇一〇年三月現在）の在庫を持ち、それをどこからでも、パソコンを介さず、ということは「キンドル」

からじかに、しかも安価に入手できる仕組みを用意していた。つまりiTunes方式です。売れた理由はおそらくそれしかないと思う。

いや、もうひとつあるか——。

じつは私は「キンドル」は持っていません。友人がいち早く入手したものをなんどか手にしたことがあるだけ。

——ふーん、本からモノとしての魅力を可能なかぎり剝ぎとってしまえば、こういう索漠たる物体になってしまうのね。

それが第一印象でした。おどろくほど軽いし、バックライトではなく紙の本とおなじ反射光式の電子インクだから、たしかに、かなり読みやすい。そのこともふくめて、いま技術的に可能な必要最小限の要素だけを組み合わせてつくった安手の大量生産品。その意味では百円ショップ的ですらある。まあ、そういった感じですね。

でもまた、そこがすごい、ともいえるわけです。

こういう商品がつくられ、よく売れたというのは、iTunes方式の力だけではなく、それと同等ぐらいに、これまでデジカメ、デジタルレコーダー、携帯電話、ゲーム機など、さまざまなデジタル機器とつきあうことで、企業と消費者の双方が頻繁なバージョンアップ方式に慣れていたせいが大きいと思う。とりあえず、いまあるモノ、いま技術的に可能なことからはじめて、バージョンアップをかさね、しだいに完成品に近づいていけばいい。いや完成というよりも、その変化自体を楽しんでいたい。そうした消費スタイルに人びとがすっかりなじんでいた。別のいい方をすればガジェット嗜好。その傾向は私にもありますよ。その習慣が「キンドル」購入のさいもはたらいて、それで売れたという面もあったにちがいない。

従来の電子本リーダーとちがって、「キンドル」は、物質としての本がもつ完成度の高さへのコンプレックスや対抗意識みたいなものを最初から捨ててかかっている。すごいというのは、つまりその点です。

ざっといってしまうと、これまで、私をふくめての一般の本好き連中は、いずれ電子化によって実現するであろう「未来の本」は長い歴史をもつ「紙と印刷の本」に匹敵するだけの物体としての魅力や完成度をそなえていてほしい、そうなった段階で電子本とどうつきあうかをゆっくり決めればいいだろう、となんとなく考えていた。

この場合、基本にあるのは、自分の本棚に好きな本を並べて、長くそれとつきあいつづけるという伝統的な読書生活のイメージです。でも「キンドル」はそうじゃない。「紙と印刷の本」という憑きものから、あっけらかんと解放されているように見える。問題となるのは、読む道具としての本のかたち（入れ物の形態）ではなく、そのなかみ（コンテンツ）と、それらを入手する仕組み。それさえととのえば、なじみの感触とか、モノの古びとか、手にしたときの心地よさといったものはすべて不要。バージョンアップごとにハードやソフトを切り替え、そのつど新しい器で古い酒をたのしんでいけばいい。

——とくに見事な道具でなくとも、条件さえととのえば、このていどのものでも、どうやらわれわれは読む気になるらしいや。

はんぶんゲッソリしながらも、はじめてわかった気がしました。

従来の紙の本のほかに、もうひとつ、新しい読書装置が可能だという仮説が、「キンドル」という身もフタもない電子本リーダーの出現と、それへの読者の支持によって、あっけなく実地に証明されてしまった。その意外性ですね。もちろん、オレはこんなしろものとつきあうのはゴメンだ、とそっぽを向くことはできます。でも、たぶん私はそうしないでしょう。アマゾンやアップルの商売上のおもわくはどうあれ、せっかく生じた変化を活用しない手はないと考えるからです。

7　第三の革命の四つの段階

本と出版の電子化には多くの難所がある。そのうちでもとりわけ大きな難所のいくつかに、二十一世紀にはいってまもなく、あいついで大きな突破口がうがたれてしまった。しつこいようですが、もういちど、そこでなにが起ったのかをまとめておきます。

——これまで売り方がわからなかったデジタルデータ販売の方式が現実のものとして提示された。（「iTunes」モデル）

——今後は、新旧を問わず、人類が生んだすべての本が片っ端からデジタル化され、インターネットに蓄積されていくだろう。（「グーグル・ブック検索」モデル）

——そして電子本リーダーはケータイやデジカメ式の頻繁なバージョンアップ、消費者側からいえば買い捨てを前提とした安価な日用品として定着していく。（「キンドル」モデル）

どんなに味気なく感じられようとも、いったんあいたこれらの突破口は、もう埋めなおすことはできない。この過程は相互にからみあいながら不可避的に進行していくでしょうね。著作者、出版人、印刷人、図書館人、そして読者の多くも、それを徐々に受け入れていくにちがいない。そのことが見えてきたところで書物史が一線をこえ、つぎの時代にはいったのだと思います。つまり、ここまでが過去です。われわれの本の世界にすでに起ったこと。もはやあと戻りは不可能――。

その認識を楽観的にも悲観的にもなりすぎずに、さめた頭で共有しないかぎり、このさき本の世界をどうしたいのかを議論することすらできない。私たちは目下、そういう段階に足を踏み入れつつある。

では、そのことを前提としてみとめた上で、今後、われわれの本の世界はどう変化していくのか。

それをこれから考えてみようと思うのですが、まえもっておことわりしておくと、いまここで、人目をひくようなハデな予言や予測をこころみるつもりはありません。デジタル化は個別技術のイノベーションではなく、十八、十九世紀の産業革命に匹敵する、あるいはそれ以上に全体的な変化なので、いつどこで、なにが起るかわかったものではない。いまの段階で、どんな予測をしたところで外れるにきまっています。なのに、そんなおっかないことをやってのける度胸は私にはないです。

したがって、ここでは話を本の歴史にかぎって、それ以外の未来については口をつぐみたい。

たとえばユーチューブやツイッターからはじまるであろう変化のほうは私にはよく見えていません。だから、わからないことまでわかったように語るのは禁欲する。かわりに多少は経験的にも語ることができる領域で、自分はどうしたいのか、どうなってほしいと考えているのか、という点に限定して話をすすめることにする。

とはいっても、結局は、かなり乱暴な見通しにならざるをえないのですが、とにかく私は、いま（二〇一〇年夏）、これから本の世界に生じるであろうことを以下の四つの段階にわけて考えているわけです。

（第一段階）好むと好まざるとにかかわらず、新旧の書物の網羅的な電子化が不可避的に進行していく。

（第二段階）その過程で、出版や読書や教育や研究や図書館の世界に、伝統的なかたちの書物には望みようのなかった新しい力がもたらされる。

（第三段階）と同時に、コンピュータによってでは達成されえないこと、つまり電子化がすべてではないということが徐々に明白になる。その結果、「紙と印刷の本」のもつ力が再発見される。

（第四段階）こうして、「紙と印刷の本」と「電子の本」との危機をはらんだ共存のしくみが、私たちの生活習慣のうちにゆっくりもたらされることになるだろう。

このうちの第一段階についてては、すでに説明しました。新旧のテキストの電子化はさらにいきおいを増し、人びとはそれを「紙と印刷の本」以外のものでも読むようになる。それはすでに確実といっていいと思います。

ただし、ひとつだけ念を押しておきたいのは、こうした地すべり的な変動はなにも人類がはじめて体験する事態ではなく、本と読書の長い歴史のなかでは、おなじように大きな変化がすでになんどか生じているということです。なかでもっとも根底的だったのが、この文章のはじめで触れた二つの革命、つまり口承から書記への「第一の革命」と写本から印刷本への「第二の革命」。そしてどちらの場合も、新しく登場した技術は、例外なく、古い技術に習熟した人びとのきびしい批判にさらされざるをえなかった。

「第一の革命」で問題になったのは「記憶」です。その代表がプラトンの『パイドロス』にでてくるソクラテスの文字批判。すなわち、紀元前五世紀から四世紀にかけて、できたてのギリシャ語アルファベットが普及していくなかで、一世代まえの、話しことばによる対話の哲学者ソクラテスが、文字によるアテナイの人びとの記憶力のおとろえを嘆いて発した、人間は文字（外在化された記憶）にたよって「自分の外から思いだす」ようになり、自分の力で「内から思いだす」すべをうしないかけている、という批判——。

ついで「第二の革命」では、印刷という「同一コピーの多数同時生産」技術が人間から「精読」の習慣をうばってしまうにちがいない、という批判がさかんになされた。これは西欧世界だけ、グーテンベルク革命の十五世紀や十六世紀だけの話じゃないんです。たとえば井上進氏の大著『中国出版文化史』(名古屋大学出版会)によると、宋の時代、十一世紀から十二世紀にかけて木版印刷術が社会に普及していったころ、ある無名学者が印刷本の「はなはだ便」であることをみとめた上で、こんな発言をしているらしい。

「唐末、書物はまだ印刷されず、みな伝写されていたので、それで古人は蔵書が少なくても(読書は)精密で確かであった」

それまでは手でいちいち書き写していた本が、印刷術の発達と流通網の整備によって入手しやすくなると、それに反比例するかのように人びとが本を丹念に読まなくなった。少数の本を繰りかえし読んで他人(著者)の考えをきちんと理解し、自分の頭で考えぬく習慣を知らず知らずのうちに捨ててしまったかに見える。読みの粗雑化。本を溜めこむだけで読まない。これはやはりちょっとまずいんじゃなかろうか。そういう批判です。

そしてつぎが現在進行中の「第三の革命」。ご存じのとおり、文字や印刷ではなく、今回は電子本批判、インターネット批判というかたちで、おなじおそれや批判がさまざまなしかたで

表明されています。すなわち、

――本の電子化は、やがて人間から「記憶」と「精読」の能力や習慣を致命的なしかたでうばってしまうにちがいない。

この批判にはやはりかなりの理があると思うんですよ。わが身をふりかえっても、オレは絶対にそうはならんぞ、といいきる自信はないです。

それで思いだしましたけど、一九六〇年代のはじめ頃、作家の堀田善衛氏が、おそらく『ゴヤ』四部作を書いている最中だったんでしょうが、パリの国立図書館で十九世紀の雑誌論文をノートに筆写していたら、通りかかった見知らぬ日本人留学生が、それゼロックスで複写できますよ、とおしえてくれた。それで生まれてはじめてコピー機を利用した堀田さんは、ガッカリというかガックリというか、「異様な感情の起伏」にみまわれたというんです。

もはや、貴重な文献の筆写などという労は、勉強には無用無縁なものとなり果てたのであるか!

なんと便利な!

しかし、これは少々便利すぎはしないか……。(『本屋のみつくろい』、筑摩書房)

堀田さんはロマン派気質の方だから表現がいささか大げさですが、多くの人が、はじめて体験したゼロックス・コピーにかれと同様のショックを受けたのは事実です。

そして、その二十年後には、早くも研究者たちが複写文献を山のように抱えこみ、読んだ気になって安心してしまうというおなじみの事態がやってくる。溜めこむだけで読まない。読んでも飛ばし読み。つまり読みの粗雑化。そうウンベルト・エコが八〇年代のあたまに『論文作法』（而立書房）という本で指摘しています。コピー機ていどでそうなんですからね。その数百倍、いや、それ以上の力をもつ本や新聞や雑誌の総体的な電子化、インターネット化、その結果としての電子テキストの奔流に人間ごときが抵抗できるわけがない。

と、そう考えるのが当然です。ところが、にもかかわず、なのですね。歴史はこれとは別の事実をわれわれにおしえてくれる。おどろくべきことに、過去、「第一の革命」によっても「第二の革命」によっても、人間から「記憶」と「精読」の能力が完全に失われることはなかったからです。

それどころか文字や印刷によってひろがった世界を基盤に、人間は、より精密に読み、より深く考える力を手に入れることになった。そして、ついには文字以前、印刷以前の世界にあこがれ、それを想像的、実証的に復元する能力までも手に入れてしまう。文字以前、印刷以前の世界へのあこがれは、いま自分が生きている文字と印刷の世界とその現状へのうたがいをふくみます。つまり自己批評。そうした複雑微妙な力を人間が身につけたのも文字と印刷のおかげ――。

だから以前と以後のあいだにあるのは切断だけじゃないんですよ。どの時代にあっても、古い人びとの批判の底には、それまで少数の知的エリートが占有していた本や読書習慣が有象無象の大衆に開放されてしまうことへの不安や反感といった感情がかくされていた。それは事実でしょう。でも、そこにはまた、意図せずして新しい技術をきたえ、まえの時代につくられた基準を高いところで保持し、さらにそのさきにすすむ手助けをしたという一面もあった。断ち切るというしかたでつなげる。あるいは、ひきつぐ。後世の人間が途中でおかしいと感じたら、立ちどまってはじまりの場所に戻ることもできる。文字や印刷術を発明する一方で、そういう場所をも古人は用意してくれていたということです。

とすれば、おそらく今回の「革命」もそうなっていく可能性が大きいのではないか。かつての二つの「革命」の場合と同様に、電子化以前と以後のあいだにあるのも切断だけではない。書物と読書の歴史がおしえるところにしたがって、私はそう信じています。

いま電子本を批判する人も、できれば、そのことを頭において批判の質を高めてほしい。むかしはよかったけど、いまはダメ。世界はどんどん悪くなる。そんなレベルの感傷的批判だけじゃ、つまらんですよ。当今の若者の読書ばなれへの批判とおなじ。歴史の経験に目をつむり、自分の人生体験だけをモノサシに新しいものを切って捨てるというやり方だけではどうにもならない。過去はともかく、未来まで「私の人生」のうちにとじこめることはできないんですから。それに「私の人生」の記憶なんて、半分以上、ウソっぱちなんですから。

8 新しい力

さきほど私は「本の力が黄金時代の水準をとりもどすのはもう不可能だろう。そして奇しくも、その本と読書のどんづまり状況に電子化が重なってきた」という意味のことをのべました。「奇しくも」とことわったのは、産業としての出版のおとろえと電子化の進行のあいだに直接の因果関係はないと考えるからです。

一般の認識はちがうみたいですね。一般というか、ケータイに金と時間をとられて若者が本を読まなくなったという嘆きにはじまり、「本の時代は終った！」とか「黒船来襲！」というような新聞や週刊誌の大見出しにいたるまで、ジャーナリスト、マスコミ人の多くは、いまの出版危機をアメリカ発の電子化のせいにして空しい大騒ぎをしているように見える。出版関係者の多くもおそらく例外ではない。

でも、これ本当なんですか。

私はそうは思わないんですよ。「いま」の幅をもっと大きくとってみれば、最初にはじまったのが出版危機の側なのは明白です。危機は突発的なものではなく、「本の黄金時代」としての二十世紀をつうじて徐々に醸成されてきたという点もすでにのべたとおり。「同一コピーの同時多数生産」という印刷原理にもとづく出版産業化がすすむにつれて、森銑三いうところの「儲ける一方」体質がひろがり、二十世紀も終りちかくなると、「売れる本がいい本、売れない本はわるい本」という「市場がすべて」主義、最悪のかたちの資本主義がバタバタと業界に根づいてしまった。

そして、そこにあとから、印刷とは「異なる原理」（フェーブル）にもとづく電子化の波がかさなってくる。なにも電子化のせいで出版がおとろえたわけじゃない。別々に進行してきた二つの過程が世紀の変わり目に、たまたま、ひとつにかさなっただけ。「奇しくも」というのはそういう意味です。私はそう考えているし、かつて現場の編集者だった人間の実感としてもそうです。それどころか、乱暴にいってしまえば、「よかったじゃないの、われわれの出版界」とまず感じた。なにしろ、へたをすれば、このまま金もプライドも失って野垂れ死にしかねないところだったんですから。

さて、そこで電子化革命の「第二段階」です。もし「書物史」運動がいうように印刷革命が出版を産業に、本を商品に変えたとすれば、開始されたばかりの電子化革命は本の歴史に新しくなにをもたらすことになるのか――。

たとえばですよ、仮に電子化が「産業としての出版」がそこに追いつめられてしまった「儲ける一方」志向をさらに強化する役にしか立たないのだとしたら、「第三の革命」は「第二の革命」のたんなる継続、その貧乏くさい修正にすぎないことになってしまうでしょうね。小さいとはいえないけれども、せいぜい「第二の革命」の第二幕か三幕がはじまったという程度の大きさにすぎない。だったら、なにもこんなに大騒ぎすることはないです。

しかし、どうもちがうらしい。

――今回の変化はもしかしたらその程度ではすまないかもしれんぞ。

そうした不安が私たちのうちに生じ、現にそのことが私たちを落ち着かない気分にさせている。

つまり不安は出版産業の未来へのそれにとどまらないんです。そこには本そのものの運命にかかわる不安、これまで私たちが慣れしたしんできた「紙と印刷の本」のかたちや読書習慣が遠からず失われてしまうのではないか、というおそれが底流している。そして、その不安やおそれの裏側には同時に期待が貼りついている。すなわち「伝統的なかたちの本には望みようもなかった新しい力が本の世界にもたらされる」可能性への期待――。そんな期待は私にはないという人もいるでしょうが、そうでない人間もいる。私はそちら側です。不安と期待のどちらも捨てたくない。

ロバート・ダーントンの名にはすでになんどか触れました。十八世紀フランスの出版業界を主要なフィールドとするアメリカの高名な書物史家です。『猫の大虐殺』だけでなく、日本でも『革命前夜の地下出版』『パリのメスマー』『歴史の白日夢』『禁じられたベストセラー』など、かず多くの著書が翻訳されている。

そのダーントン氏が二〇〇九年の秋に『The Case for Books』（パブリック・アフェア刊、未訳）という新著をだした。かれはハーバード大学図書館の館長でもあり、近年、おもに『ニューヨーク・レビュー・オブ・ブックス』紙を舞台に、本と図書館の電子化をめぐって積極的な発言をつづけている。それらの発言を一冊にまとめた本です。いちおう『本という事例（事件？）』と訳しておきますが、「本の入れ物」というふくみもあるらしい。早くもアマゾンで電子版が販売されています。

ハーバード大学図書館といえば、ミシガン大学やスタンフォード大学などの図書館とならんで、グーグル・ブック検索《サーチ》プロジェクトの最初期からのパートナーですから、その実体験にもとづく痛烈なグーグル批判もきわめて興味ぶかい。ただし、だからといってダーントンは印刷本の電子化自体に反対しているわけではない。その逆です。じじつ、この本におさめられた「サイバースペースの功罪」というエッセイで、かれは「これまで私たちは、冊子本《コデックス》はいくつかの点でコンピュータにまさる、と考えてきた。……（しかし）残念ながら冊子本もまたいくつかの固有の限界をもっている」と言明しています。

ようは、過去の統御という点で伝統的なメディアは電子的なメディアにまさる、といいはる資格はないのである。（略）私についていえば、目下、私は索引カードで一杯になった靴箱を数十かかえこんでいる。それらのカードは「われわれを本にしてくれ」とわめき立てるが、事実上、一冊の本に押し込めるには数が多すぎるし、もはや管理することさえできなくなってしまった。これが、ここでひと跳び、電子本に取り組もう、と考えるにいたったゆえんなのだ。

こうしてダーントンは、これらの膨大なカードや関連資料（まだ活字化されていない書簡や各種の書類、画像やムービーや音声や音楽などをふくむ）をまるごと活かし、インターネット上で縦横にリンクさせた多層構造の電子本の構想を練りはじめる。フランス革命前夜の「啓蒙期の書物の全体史をあつかう電子本！　抵抗しがたい。よし跳ぶぞ」。

その構想をいまここで具体的に紹介する余裕はありませんが、ともあれ、かれはその夢を実現すべく、すでにアメリカ歴史協会の「グーテンベルク－e」計画に中心的にかかわるなど、いくつかの活動を実際に開始しているらしい。一九三九年生まれというから、私とほぼ同年。よくやるよ、と感心するしかない。

ダーントンは二十世紀の知的世界に「書物史」という新領域を切りひらいた先駆者のひとりです。それだけに、古い本を熱愛し、「グーテンベルク起源の近代化された冊子本《コデックス》」がもつ力の大きさや深さを熟知している。と同時に、ひとりの歴史家として、自分が発見したり参照したりした貴重な資料や、そこで考えたことを思いっきり盛り込むには、冊子本、印刷本という器はいささか小さすぎるとも感じているらしい。冊子本にも限界はある。だとすれば私に電子化を拒む理由はない。そこで「よし跳ぶぞ」と決心するにいたった。どうやらそういうことだったようです。

私が知るかぎりでいえば、このダーントンの決心の型は、さきに触れたボイジャーの萩野正昭氏のそれにたいへんよく似ています。

萩野氏はこの二十年間、一貫して、コンピュータを読書の道具に変えるという目標を頑固に追いつづけてきた。わかりやすい例でいえば、いまわれわれはケータイやiPhoneやその他の電子本リーダーで日本語のテキストを読んでいますよね。もちろんマンガも。しばしばその基礎技術としてつかわれているのが、ボイジャーが開発した電子本作成と読書のための「T-Time」と「ドットブック」というプログラムです。かつてマルチメディア・ブームのさなかに、萩野氏は、どちらかといえば脇役（悪役？）とみなされがちだった文字テキストの電子化をあえて自分の仕事の中心においた。そして、そのまま二十年ちかく走りつづけた。その意味では、めずらしい人なんです。こういう人物は世界中を見わたしても、あまりいないんじゃないかな。

ただしその萩野氏も、なにも最初からそんなことを考えていたわけではない。

大学卒業後、かれは東映でしばらく教育映画の監督をしていたんですが、教育映画であれなんであれ、映画というのは最終的に、ひとつのストーリー（筋）に沿ってまとめあげなければならないわけです。ストーリーに合わないもの、必要でないものは、どんなに苦労して撮ったフィルムでも廃棄するしかない。それらのおびただしい廃棄フィルムが、ダーントン流にいえば、「われわれを映画にしてくれ」と口々にわめいているのが聞こえる。そうした体験を何度となく繰りかえすうちに、これではむなしすぎる、なにか別の手はないものか、と考えるようになったらしい。

そこで萩野氏は東映をやめ、パイオニアに再就職して、そのころ登場してきた大容量のレーザーディスクによる多層構造（ハイパーカード方式）のマルチメディア作品の制作に取り組みはじめます。そのためなんどかアメリカに行き、ボイジャー社を発足させたばかりのボブ・スタインと意気投合して日本でボイジャー・ジャパン社を設立、パソコンによる電子本づくりにはっきりと的をさだめた。それが一九九二年のことです。のちにアメリカのボイジャー社が解散したため、残った萩野氏たちがジャパン抜きのボイジャーを名のるようになった。

だから、よく似ているんですよ、このふたりは。

二十年ちかい時間差はありますが、萩野正昭もロバート・ダーントンも、ひとしく、かれらが愛する映画や書物という入れ物には固有の限界があると感じ、そこからはみだしてしまう断片や資料や思いつきを回収しうる新しいしくみを多層構造の電子本というかたちで実現しようと決心するにいたった。ようするに一種のデジタル・アーカイブですね。丹念に構築されたデジタル・アーカイブを背景にし実質にもしたマルチメディア電子本。そのモデルをインターネット世界の一角に連続的につくりあげようときめて、いまもその努力をつづけている。

ただし電子化であればどんなやり方でもいいというのではない。それには守るべきいくつかの基準《スタンダード》があるはずだ、とダーントンはいいます。

インターネットは学びの世界を変えるだろう。そう私は確信している。すでに変化ははじまっている。未来にむけての新しい諸基準を用意する一方で、過去からひきついだ最高度の諸基準を保持しつづけること。責任をもってそうすることが私たちの仕事なのだ。(略) いま私は、サイバースペースに這い入ろうとするヘリのところにいる。私の靴箱、そしてアウグスティヌスの『告白』や『神の国』のような私を沈没させないようにしてくれる知的な手荷物を、手当たりしだいにひっつかんで。(『本という事例』)

つまりダーントンというのは、もし電子化によって印刷本の限界を越えるというのであれば、その最低ではなく最高の鞍部で越えるのでなければ意味がない、と考えるタチの人なんですね。おそらく萩野氏も二十年まえ、映画の限界の越え方について同じように考えていたのだろうと思います。

さきほど私は、大きな危機に直面した出版界が電子化の波に遭遇したのはとてつもなくラッキーなことだった、「よかったじゃないの、出版界」とまず感じた、と書きました。それは私のうちに、こうした萩野正昭やロバート・ダーントンといった人びとの「新しい力」との出会い方の記憶があったからです。印刷本の「黄金時代」をむなしく野垂れ死にさせない。そのために、それぞれにとっての印刷本の最良の成果、「最高度の諸基準」を「ひっつかんで」、可能なかぎり高い鞍部でそれを越えるべく懸命に工夫をこらす。電子化はその機会を出版界にもたらしてくれた。せっかくの機会を活かすも殺すもこれからの出版界のふるまい方しだい。私はそう考えています。

9　印刷本再発見

フェーブルとマルタンの『書物の出現』によれば、グーテンベルクの活版印刷術も最初のうちは、せいぜい「テキスト生産に役立つ便利な技術革新」というていどの認識だったようです。ところが、この発明のおかげで「種々の著作がはるかに手に入れやすいものとなり、写本形式ではおよびもつかぬ浸透力を得る」ことになる。その結果、「この新方式が惹起するさまざまな可能性と、その驚くべき効果」がひろく認知されて、いつしか「写本への復帰は不可能に」なってしまった——。

もしそれ(新による旧の駆逐)が、かつて「第二の革命」の進行につれて古い写本と新しい印刷本のあいだに生じたことなのだとすれば、今回の「第三の革命」でも印刷本と電子本とのあいだに同様の事態が生じる可能性はかなり大きいといわざるをえない。ではその場合、「新方式(つまり電子化)が惹起するさまざまな可能性と、その驚くべき効果」とは、具体的に、はたしてどのようなものになるのだろうか。私の関心の範囲内にしぼって思いつくままに列挙してみましょう。

○ダーントンの「学びの世界」改革構想にもあるような、莫大なデジタルデータ資源と強力な検索能力を駆使したインターネット・アーカイブが続々と出現する。大きな目でみれば、グーグル・ブック検索プロジェクトもその一環にすぎない。

○デジタル化の大波は、すでに印刷や映画や録音などの諸技術をへだてる壁を崩してしまった。本の世界でも、文字テキストや画像や映画や音声や音楽が渾然一体となったマルチメディア化がすすむだろう。

○音声読み上げや拡大表示などによって、身体障碍や老化などのハンディキャップをこえた新たな読書習慣が社会に根をおろす。

○インターネットでは国境をこえた交流が自動的に成立してしまう。そんな環境下で、ことなった言語圏のあいだでの自動翻訳技術を介した相互的な関係が徐々にかたちづくられていく。

○データの共有が簡単にできるので非商業的な出版がやりやすくなる。多様な流通のしくみがためされ、そこから「売れるか売れないか」だけではない選別や選択の基準が新しくそだちはじめる。

その他いろいろ。そして、それらのすべてが印刷本には望みようのなかった電子本の「可能性と、その驚くべき効果」ということになる。たいへんな変化です。写本から印刷本への不可逆的な転換を書物史上の先例としてみとめる以上、もはや私たちに印刷本のデジタル化、マルチメディア化、インターネット化を拒むすべはない。ふつうに考えれば、そうなるでしょう。すなわち印刷本への復帰はもはや不可能——。

しかし、ではそれは「電子本が勝って印刷本が負けた」ことをただちに意味するのだろうか。「紙と印刷の本」は遠からず「電子の本」によって完全に駆逐されてしまうんでしょうか。

ちがうと思うんです。「復帰は不可能」といっても、じっさいには、これまでのような印刷本による市場や権威の占有状態への復帰が不可能になるというだけの話で、印刷本に追われて写本が急速にすがたを消していったようには、電子本の登場によって印刷本が消え去ることはない。もっと正確にいえば、いくら消えたくても消えようがないんですよ、印刷本は。

なぜ、そんなことがいえるのか。そのカギは印刷本に固有の物質性にあります。

ダーントンが「書物に固有の限界」というとき、それは「物質としての書物に固有の」ということを意味していた。そして紙とインク（墨をふくむ）という物質によってつくられているという点では、写本だって印刷本となんの変わりもない。とすれば写本から印刷本への変化は、じつは、一冊一冊、本を手で書き写すかわりに必要な部数を一挙にコピーしてしまうという、おなじ「眼界」内での技術革新にすぎなかったことになる。同一の物質的基盤の上に立っての競争ですから、コピー作成のスピードからいっても可読性の高さや正確さからいっても、印刷本に負けた写本が急速にすがたを消していくのは当然のなりゆきだったんです。

でも、こんどはちがいます。写本から印刷本への変化とはことなり、いみじくも「よし跳ぶぞ」とダーントンがいったごとく、印刷本から電子本への変化は物質から非物質へという異次元への跳躍なんですから。

本の電子化は本の非物質化です。本を構成する文字や画像をまるごと0と1の二進法数列に変えてしまう。だからこそ物質に固有の限界を越えて、本のマルチメディア化やインターネットによる流通が可能になる。ただしそのこととひきかえに、物質としての本がもっていた特質はすべて失われてしまいます。たとえば定着性がそうです。

紙や布などの上にテキストや画像をなんらかのインクのシミとして定着すること。それが印刷ですね。シミだから、いったん染みついてしまえば、消すことはきわめて困難――。

この頑強な定着性によって、テキストや画像はその原型を保ったまま時空をこえて存在しつづけることができる。いったん定着されてしまえばもう簡単には変更できない。定着は不変につうじます。だからこそ書く人間は知力と想像力のかぎりをつくして一回かぎりの文章に磨きをかけ、作品としての完結度を高めるべくつとめる。だからこそ文献学者たちも「同一コピーの多量生産」に耐えうる古典のテキストを確定すべく懸命にはげむ。なにも強制されてそうするんじゃない。そうしないと自分が満足できないんです。読書もそうですね。それだけで完結した不変のテキスト（たとえそれが幻想であれ）をあいだにはさんで、読者と作者との時空をこえた一対一の対話的関係がはじめて成立する。

定着という点ではもちろん写本もおなじです。でも写本は不変とはいえない。写しまちがいとか意図的な書きかえとか、手写データは揺れがきわめてはげしい。その揺れを最少限にとどめるには、どうしても印刷という「同一コピーの同時多量生産」の技術が必要だったということです。

そして同時に印刷術は本というモノを劇的に小型化してしまった。

写本は手書きですから、そのぶん大きな文字の大きな本にならざるをえない。しかし活版印刷なら、どんな小さな文字でもくっきりと表示できる。グーテンベルクが実際につくったのは、「四十二行聖書」のような中世写本をそのまま模倣した大きくて重たい装飾的な本でしたが、その半世紀後、ヴェネツィアの高名な出版人兼印刷業者アルドゥス・マヌティウスが、ギリシャやローマの古典を、はじめて現在の新書版をひとまわり大きくしたくらいの小型本にしたて

て刊行します。それが大評判になり、この軽快な本のかたちがヨーロッパ全域にひろがってい
った。いま私たちが日常的にしたしんでいる「近代化された冊子本《コデックス》」（ダーントン）のはじまり
です。
ようするにこの段階で、僧院にせよ貴族や学者の書斎にせよ、それまでは特定の部屋に安置
して利用するしかなかった重くて大きな本が、どこにでも持ち歩きできる軽くて小さい携帯可
能な道具に変身してしまったわけです。そして、こうした本のポータブル化によって、とつぜ
ん極端な例になりますが、たとえば戦場での読書が可能になった。
大東亜戦争に狩りだされた学徒兵たちが背嚢に文庫本を何冊か入れ、便所などで、人目を盗
んで『万葉集』や『平家物語』やカントやニーチェを読んでいた。そんな話をどこかできいた
ことがあるでしょう。あれです。対するに敵のアメリカ側には、ポーとかヘミングウェイとか
新刊のミステリー小説とかの、前線の一般兵士用につくられた粗末な携帯本シリーズがあった。
植草甚一や都筑道夫から片岡義男にいたるまで、戦後、占領軍の兵士たちが神保町あたりの古
本屋に売りはらった兵隊文庫（と日本ではいっていたらしい）を買いあさった記憶をもつ人た
ちがいくらもいます。
そこで考えるんですが、もし仮に紙と印刷の本がなくなってしまうとしたら、二十一世紀の
兵士たちは一体どうやって本を読むんでしょうね。

そんなことをいうと、

――とぼけたことをいうなよ。いまや「究極のポータブル本」ともいうべき電子本があるじゃないか。キンドルやiPadさえあれば、いながらにして何十万冊もの電子本が自由に読めるんだぜ。

そうあっさり一蹴されてしまうかもしれない。

でも本当なのかな。じゃあ、その場合、たとえば戦場から地球上のどこかにある電子書庫（クラウドです）への安定したアクセスを、だれが、どうやって保証してくれるんですか。国家？　軍隊？　それとも企業？　その他、もし故障したら、もしバッテリーが切れたら、もしシステムが勝手にバージョンアップされたら、などなど、容易には解決できない問題が数かぎりなくでてくるにきまっています。

しかもネットワークだから情報は筒抜け。硝煙たちこめる陰惨な戦場にかろうじてのこされた、ひめやかな個人的読書空間などといったものは、とうてい期待しがたい。

つまり印刷本に「固有の限界」があるように、時間がたつにつれて、電子本にもまた「固有の限界」があるらしいことがしだいに明瞭になってくる。最大の限界は、いまもいったように、本を読むのに、いちいち、なんらかの機械仕掛けが必要になることです。二進数データそれ自体はたぶん不変不滅でしょう。でも、そのデータを読むのは人間ではない。コンピュータです。

人間が読むためには、どうしても、それをなんらかのしかたで人間が読めるかたちに変えてくれる小型コンピュータ、つまりキンドルやiPadのような電子本リーダーの助けがいる。

小さいとはいえコンピュータですから、それなりにかさばるし、たえず電力を供給しつづけなければならない。文庫本をちょいと尻ポケットや背嚢につっこんで、というような具合にはいかない。戦争にかぎらず、自然災害や疫病や騒乱や貧困や難民化など、今後ともコンピュータを無用の長物化してしまいかねない状況が消え去ることはないだろう。むしろ増える可能性のほうが大きい。ではそのさい、ひとはどうやって本を読むのか。やはり紙と印刷の本を読むしかないでしょうね。となれば、やはり印刷本は消え去るわけにはいかない。どう考えても電子本に頼っているだけじゃすまないんです。

戦場での読書が例として適切かどうかは別にして、電子本体験の目あたらしさが薄まるにつれて、かならず人びとは物質としての本がもつ美質を新しい角度からみなおすようになる。それが私のいう「第三段階」です。コンピュータになにができて、なにができないかが、いまよりもはっきりとわかってきたとき（それがわれわれの共通認識になったとき）、そこで印刷本の力があたかも新しいもののように「再発見《リディスカバリー》」される。これは疑いようのないことのように思えるんです。

もうすこし日常的な例もあげておきましょう。

二十一世紀のゼロ年代、若い学生たちとしばらくつきあった経験でいうと、かれらはたしかにあまり本を読まない。でも、その点はもうどうでもいいんですよ。ここで注意しておきたいのは、だったらかれらが「もう本なんかなくてもいい」と考えているのかといえば、かならずしもそうじゃないということのほうです。むしろ「なくなってはこまる」と感じている者のほうが圧倒的に多い。

「なぜこまるの?」

そうきくと、「まいにちの暮らしのなかで、いまあるような紙の本とつきあうことの楽しみを失いたくない」という意味の答えが口々に発せられる。

――印刷された紙を綴じたモノとしての本に触れたり、めくったりする感覚を捨ててしまうのはもったいない。

――自分の好きな本が本棚にならんでいるのをぼんやり見ている安心感がいいんです。

――本って記憶なんですよ。夕方、気分のいいコーヒーショップの窓際の席であの本を読んだなとか、本にはそれを読んだときの記憶がくっついているんです。

ケータイやPCで読む本(つまり電子本)には、そうしたすべてが欠けている。だからあれは読書とはいえません、というんですね。

いまの学生は小学生のころからケータイやPCと日常的につきあってきた。ケータイで小説も読めばレポートも書く。道を歩きながらファンタジーを一冊、書き上げたやつさえいた。にもかかわらず、というか、だからこそかれらは、コンピュータにはない「物質としての本」が持つ力のかけがえのなさを再発見することになったのかもしれません。もちろん、たかだか三十人か四十人の授業でのやりとりだから確実なことはいえない。でも、いずれにせよ、本の力を再発見するのはこれからの人間、つまり本をあまり読まなくなった若者の側なんです。あるいは、その子や孫たち。残念ながら、私もふくめて、本を読みすぎた二十世紀そだちの大人たちには、その能力もチャンスもない。

物質としての本は一点一点が別の顔、別の外見をもっています。「ひとつひとつの色、ひとつひとつの肌ざわり、香り、味がみな意味をもっている」とレヴィ＝ストロースが日本での講演（『レヴィ＝ストロース講義　現代世界と人類学』、平凡社ライブラリー）で語っていた個別性や多様性を、より多く保証しうるメディアといってもいいでしょう。それに対して電子本リーダーでは、特定の企業や特定のだれかがつくったハードやソフトの平面に表現が均されてしまう。ハリウッド製のSFX映画みたいなもので、最初はびっくりするけど、どれも同じ味しかしないから、かならず飽きる。それに飽き、疲れた者が印刷本に向かう。向かうところ（つまり個別性や多様性）がきちんと確保されている。そうじゃないとみんながこまるんです。

10 二つの本のバランスを求めて

伝統的な本のかたちや読書習慣が電子化によって失われ、ある期間の切断をへて、それが再発見される。それが私の考える「書物史の第三の革命」の第三段階なわけですが、現実には、そうした劇的な切断は起こらないでしょうね。

電子化によって現実に生じるのは本というメディアの二分化です。これまでの書物史の常識では、新しい形態の本が生まれると、巻子本が冊子本に、手写本が印刷本に、木版本が活字本にとってかわられるという具合に、それによって古い形態の本が、事実上、ほぼ完全に駆逐されてしまった。つまりそこで代替わりがなされたわけです。でも、こんどはちがう。代替わりではなく、書物史上、というよりも人類史上はじめて、本が二つのかたち、二つのしくみ、二つの方向に分かれて、それぞれの道をたどりはじめる。その分岐点の光景を、いま私たちは目にしている。

第一の方向は、これまでどおりの紙と印刷の本です。かたちを支えるしくみの中心は物質的な定着ですから、それに耐えうる質と必要性をそなえたものは、そのまま紙と印刷の本として刊行されつづける。

そして第二の方向は二進数の数列として保存される本、つまり電子本です。その特質は非物質性、非定着性だから、当初は印刷本のデジタルコピーにとどまるとしても、いずれはオリジナルにとらわれない独自の展開を示しはじめる。このさき電子本が綴じやページング、インクによる物質的定着といった印刷本の諸特徴に劣等感をいだき、あこがれ、それを電子的にまねしつづける可能性はゼロにちかい。

したがって現実には代替わりではなく二方向への分化——。

ただね、そのことをみとめた上で、それでも私は、いま開始されつつある変化を連続とか継続の面（第一の方向）よりも、いちどは切断の面（第二の方向）を強調して考えてみたほうがいいと思うんですよ。よくいわれるような「紙の本が消える！」式のハデな変化は実際には生じないでしょう。当然です。しかし、それでもなお、あたかも電子化によって印刷本の歴史がいちど断ち切られてしまうかのごとくふるまったほうがいいと思う。

では、なぜそう思うのか。

なんどもいうように、本にとっての二十世紀というのが、きわめて特殊な、よかれあしかれ異常な時代だったからです。一つにはそれが、かつて人類が経験したことのない「本の黄金時代」だったという意味で。もう一つは、出版の産業化、本の商品化のいきおいが過熱し、せっかくの「黄金時代」がいまにも内側から崩れそうになっているという意味で。

こうした泥沼状態がわれわれの黄金時代が最後にたどりついた場所なのだとしたら、精神衛生上からいっても、もうこれ以上、ここにとどまりつづけないほうがいい。そう私が考える理由の一つとして、ここまであまり触れる機会がなかった図書館の問題があります。

いまもいったごとく、二十世紀という本の最盛期を直接に支えたのは出版産業化と、それによる本の大量商品化や大衆化への動きです。しかし興味ぶかいことに、おなじ時代に、このプロセスと並行して、商品として生産された本を部分的に非商品化してしまう公的なシステムが着々と整備されていた。それが図書館ですね。具体的にいえば国立中央図書館（日本でいえば国立国会図書館）を中心とする大小の公共図書館《パブリックライブラリー》ネットワーク——。

本は商品だから値段がついている。しかし、読みたい本、読まなければならない本のすべてを、いちいち金をだして買うしかないとしたらどうなるか。

おそらく、われわれの娯楽や教養や研究や調査といった日常の知的活動は、そうとうに悲惨なものになってしまうでしょう。その結果、社会の質が落ち、人間にとって大切なものを我慢づよく保持しつづける力、新しく冒険的なものを生みだす力がしだいに弱体化してゆく。それにつれて本の売れ行きが落ち、産業としての出版を支える基盤も徐々に失われてしまう。つまり、そうさせないための工夫が公共図書館なんです。だから作者も出版社も、じぶんたちが苦労してつくった本（商品としての本）を図書館にかぎってタダで利用すること（非商品化）をみとめる。いや、みとめざるをえない。

簡単にいうと、本には商品としての面と同時に、だれもが同一の条件で利用できる文化資産としての面があるということです。その後者の面を保証するのが図書館で、したがって書店では有料の本も図書館では例外的に無料。そしてその例外性によって、図書館には、たとえ著者が死のうと、出版社がつぶれようと、収集した資料をいつでも利用可能なしかたで保存しつづけ、商品として生産された本の短い生命をできるかぎり長びかせるという社会的責任が課せられる。

しかし、すぐわかるように、この考え方はかならずしも安定したものではない。なぜなら、われわれが生きる売り買いの世界では、タダというのは、やはり、なにがしか異様なことだからです。

作者も出版人も書店人も、本の生産や流通にかかわる者は、本を一冊一冊、コツコツ売ることで生計をたてている。その商品としての本が近所の図書館に行けばタダで読めてしまう。タテマエとしてはみとめていても、これはいまの資本主義社会ではけっして自然なことじゃないんです。したがって、なにかきっかけがあれば、こんな不自然なルールはあっというまに廃棄されてしまいかねない。

現に二十世紀も終りに近づくにつれて、なぜ図書館がタダである必要があるのか、という声が図書館内外でしだいに大きくなってきました。これまでのやり方ではもう維持できそうにないから、企業経営の手法をとりいれて図書館の構造改革にはげもう。基本的には、その路線です。おなじみの市場競争万能主義。県立や市立や区立の図書館が事業仕分けの対象にされる。大幅な予算削減、蔵書の廃棄、スタッフの外注化などなど。そしてその延長線上にやってくるのが図書館の有料化——。

つまり、なにがいいたいかというと、いま内側から崩れそうになっているのは、なにも出版産業にかぎらないということなんです。図書館の運命にしても、この先どうなるかわかったものではない。いいかえれば、出版産業と公共図書館とが表と裏で役割分担し、そのことで辛うじてバランスをとってきた二十世紀型の本と読書の生態系が、日本にかぎらず全世界規模でグズグズに崩れてしまいかねない、そんなおそれが現実に生じてきた。

そうした現状をはっきり見とおすためにも、電子化を機に、有料と無料、産業と図書館とをひっくるめた二十世紀出版の流れをいちど想像的に断ち切ってみたほうがいいんじゃないか。つまりそれが、さきほど「電子化によって印刷本の歴史が断ち切られてしまうかのごとくふるまう」と私が書いたことの意味なんです。

二十世紀といわず、これまで本の歴史が達成してきたもののうちで、このまま失われてしまっては困るもの（たとえば一冊の本のツブだった個別性、図書館の無料原則など）につよい光をあてなおし、電子化以前と以後とのあいだでの連続の質を一段階も二段階も高める。そのためのショック療法としての切断。そして印刷本の再発見。――もしわれわれが紙と印刷の本に愛着をもち、その安定的な継続をねがうのであれば、せめて頭の中だけででも、そうした手つづきを踏んでおいたほうがいいのではないか。

そして、そのことは同時に新しい電子本産業がみずからの責任をはじめて認識することにつながります。図書館関連でいうと、たとえば、さきほど私はグーグルの図書館プロジェクト（現グーグル・ブック検索《サーチ》）について、こんな意味のことをのべた。

――グーグルという一企業のビジネス上の計算がどうあれ、かれらの図書館プロジェクトは、従来、紙の本に担わされてきた文化的・社会的責任をこれからはわれわれの電子本がひきつぐぞ、分担するぞ、という意思表明の一面を持つことになってしまう。いやもおうもない。網羅的収集や蓄積というのは本来そういうことなのだから。

もしグーグルが公言するように、今後、人類がつくった本が新旧を問わず片っぱしから電子化されるのであれば、結果として、これまでは印刷本に担わされてきた「文化的・社会的責任」のすべてとはいわずとも、きわめて大きな部分を電子本が担わなければならなくなる。その場合、電子本産業は、これまで印刷本産業が国家や社会とのあいだでとりむすんできた有形無形の合意をどう具体的にひきつぐつもりなのか。その覚悟や用意が、はたして現在の電子本産業の側、たとえばグーグル社にあるのかどうか——。

さきに要約した私の発言の含意は、いまのところ、その覚悟も用意もグーグルにはないように見える、ということです。ロバート・ダーントンがハーバード大学の図書館長としてグーグルと交渉し、すぐ気づいたのもそのことでした。

——グーグルには技術とビジネス（データ独占・権利販売・株主の利益）の観点しかない。本や図書館が担ってきたことをそのいちばん高いところでひきつぐ、という認識が完全に欠けている。だいいち、あそこには技術者や弁護士は何千人もいるが、ひとりの書誌学者もいないじゃないか。そんなことで大きな図書館が運営できるわけがない。グーグルのプロジェクトは失敗する。図書館電子化の可能性はかれらの構想などよりも、もっと上のところにある。

古代アレクサンドリア図書館以来の全世界図書館の夢を実現すべく、グーグルが資金と技術を提供し、その見返りとしてデジタルデータを独占して、それを売ったり貸したりすることで得た利益を株主や著作権者に分配する——。

いまふうのビジネスの観点から見ればこれは当然のやり方です。しかしこの過程からは、かれらの利益を保証してくれる総計で一億タイトルをこえるだろう膨大な印刷本の蓄積や、それを何百年、何千年にわたって支えてきた無数の人びとへの感謝や敬意といったものが、なにひとつ感じられない。図書館や学校や研究機関、そして読者の利益はどうなるのか、という公共性の観点も抜け落ちている。ダーントンのみならず、こりゃダメだ、と私も思いました。すべての電子本産業がこのやり口にならったら、本と読書の生態系はいま以上にメチャクチャに破壊され、モトも子もなくなってしまうにちがいない。

その「生態系」で思いだしました。このことにかかわって、もう一つ、より直接的な問題がある。つまり紙資源の問題です。

いま日本では一年間に八万点以上の本が出版されている。これはすでにのべたとおり。日本だけでなく、ユネスコの調査によれば、世界では年間一〇〇万点以上の本が出版されているらしい。そうなると「紙と印刷の本」は実体をもったモノですからね、カサばる。街の書店だけでなく、世界中の図書館の書庫からも本がはみだし、新しい本を入れるためには古い本を大量に廃棄するしか手がなくなって、ついには「ジェノサイド（大量殺戮）」という語をもじって、「リブリサイド（本の大量殺戮）」などという恐ろしい新語がつかわれるまでになってしまった。

しかも、それだけじゃないんです。本の出版量が増えると、それにつれて紙の消費量が増える。たとえば中国の人口は十三億人。つまり日本の十倍強。これだけのかずの人びとが、急激な経済成長のはてに、いっせいに日本人やアメリカ人とおなじ量の紙を日常的に消費しはじめたらどうなるか。ただの脅しじゃないですよ。実際にそうなりかねないんです。そして、そこにさらにインド十二億の民が加わってくる。紙の原料は木材パルプ。それだけで世界の木材資源はパンクしてしまうにちがいない。

こうした流通や資源の寒々しい実状を考えただけでも、私たちがまもなく「紙と印刷の本」に安心して頼っていられなくなるのはまず確実といっていい。

となると解決策は一つしかありません。「紙と印刷の本」の出版量を大幅に減らすことです。しかしそうはいっても、娯楽や教養、あるいは教育や学術研究のために本を必要とする人間のかずは、そう簡単には減らせない。強引に減らせば、いまの社会の知的水準が保てなくなる。であるからには、なんとしてでも「紙と印刷の本」以外の本のしくみを工夫し、責任を分担してもらうしかない。その最有力候補、というよりも、いまのところ唯一の代替候補が「電子本」なんです。

過飽和状態にたっした印刷本業界が紙の消費量を自発的にコントロールする可能性は、きわめてすくない。となれば、かわりに新しい電子本がなんとかするしかない。いま考えると、ボイジャーのエキスパンドブックをふくめて、そういう意気込みが最初期の電子本にはいくらかあったような気がします。

たとえば一九九三年に発売された日本初の電子本リーダー、ＮＥＣの「デジタルブック」はモロそうだったし、おなじ年に発表されたアドビ・システムズの「ＰＤＦ」もそう。ＰＤＦというのはPortable Document Formatの略ですね。このフォーマットで処理した版面を三・五インチのフロッピーディスクで持ちはこべば、どんな機械でも、たとえ対応するフォントがなくても、そのままのレイアウトで読めてしまう。当時は「フン」と鼻先でせせら笑った記憶がありますが、「十年後に紙の本は消える！」とかれらが豪語していたのは、じつはそういう意味でもあった。

以来、本の電子化は二十年になんなんとする試行錯誤をへて、二十一世紀の最初の十年間にようやく本格的にスタートする。あと戻りはもう不可能――。

しかし、新しい流通システム、新しい大規模コンテンツ、新しい複数の読書装置が一気にでそろったわりには、いっこうに堂々たる感じがしない。グーグルにかぎらず、どこを見てもせこい金儲けの話ばかりで、この厄介な時代に電子本が印刷本にかわって諸メディアの新しい中軸になるかもしれないという事実がもつ意味を、だれも本気で考えていないように見える。技術の高度化や産業化がすすむのに反比例して、われわれの欲求の底がどんどん浅くなっている。ちょっとふしぎな気がします。

「キンドル」にせよ「アイパッド」にせよ、目下売り出し中の電子本リーダーは、それ自体、並はずれて魅力的な遊び道具《ガジェット》ですから、いまはものめずらしさもあって、マスコミやジャーナリストも大騒ぎをしている。しかし時間がたち、その目新しさが薄れたときどうなるか。

——潮が引くように電子本熱がさめる。

デジタル業界の荒っぽいビジネス手法、われわれ消費者の飽きっぽい心性からしても、そうなる可能性がないとはとてもいいきれない。

しかし、あえて大げさないい方をしますが、いま電子本や電子出版に負わされている役割の重さを考えると、こんどはそうなってはこまるんですよ。これまで人類は、ほかに代わるものがないので、やむなく「紙と印刷の本」に過剰な重荷を負わせつづけてきた。それが限界にたっした現在、せっかくはじまった「いい変化」をむなしく中断させるわけにはいかない。そろそろ、そう腹をくくる時期がきているんじゃないですか。

コンピュータ画面でほんとうに読書が可能なのかとか、「電子の本」に負けて「紙と印刷の本」は消えてしまうんじゃないかとか、話題としてはたしかに面白いですよ。でも、この二十年間、その手の議論はもうイヤというほどやった。

それでわかったのは、「読書」と呼ぼうと呼ぶまいと、コンピュータでも本は読める、というよりも、いやおうなしに読めてしまうということです。現に読めるものを、いくら興奮して否定したり肯定したりしてみてもしかたない。紙派もデジタル派もヒステリックにならず、その事実を冷静にみとめるのが第一——。

ただし、なんどもいうようですが、「紙と印刷の本」にできることとできないことがあるように、「電子の本」にもできることとできないことがある。「電子の本」に紙とインクによる物質的定着の安心感をもとめてもむだ。それは「紙と印刷の本」をそのままマルチメディア化して、デジタル・ネットワークにのせることができないのと同じです。したがって二つの本は別もの。とすれば、この先は、どちらが勝つか負けるかではなく、それぞれに能力と限界をもった二系統の本がなんとかバランスよく共存してゆく道を具体的にさがすしかない。つまり「書物史の第三の革命」の第四段階です。

——こうして、「紙と印刷の本」と「電子の本」との危機をはらんだ共存のしくみが、私たちの生活習慣のうちにゆっくりもたらされることになるだろう。

そう冷めた頭で考えて「紙と印刷の本」にかかる重荷を徐々に軽くしてゆく。あとに、これはどうしても紙と印刷でなければという比較的少数の本（年に二万点？　三万点ほど？）がのこる。その上で、もし「電子の本」が「紙と印刷の本」の限界を乗りこえるというのであれば、できるだけ高いレベルで乗りこえていただく。それが「紙と印刷の本」の文化にどっぷりひたって育ち、二十年まえ、登場したばかりの「電子の本」に胸をときめかせた記憶をもつ人間の、いま現在の希望なんです。

Ⅱ　電子本をバカにするなかれ

もし私が二十一世紀の出版史を書くとしたら　2001

出版の産業化はグーテンベルクの活版印刷術の発明から半世紀ほどのち、十六世紀のヨーロッパではじまった。それが最高度の段階（本の大衆的市場の成熟）に到達したのが、ほかならぬわれわれの二十世紀においてだった。

では、いまから百年後、もし仮に、ついさっき過ぎ去ったばかりの二十一世紀の出版史を回想的に語るとしたら、なにがそこでの最大のできごとと見なされることになるだろうか。いろいろあろうが、確実にいえることはただ一つ、本の世界のどまんなかに、インターネット（ないしはインターネット的なもの）によって支えられた無料情報の広大な海が出現したこと。それが二十世紀とは決定的にことなる二十一世紀出版史の特質と考えられるようになっているにちがいない。

この無料情報を無料の本といいかえることもできる。いや、こんなふうに書くと、「無料情報」と「無料の本」はちがうという人が、かならずでてくるだろう。いくらインターネット上に上質な無料情報が大量に蓄積されていったとしても、それをコンピュータの画面で「紙の本」を読むように読む人がそんなに増えるわけがない。読書と情報処理とはどこまでいっても似て非なるものでありつづける。おそらくかれはそういって私を批判するはずだ。

しかし、この批判は私のいいたいことからはズレている。私がいいたいのは、デジタルデータを「紙の本」を読むように読む人がひとりもいなくても、そんなこととは関係なく「無料情報の大海」はどんどん大きくなりつづけ、いずれはそれが本の世界の下部構造をガッチリとかたちづくってしまうだろうということなのである。

そして、いったんそうなったら、人はいつまでもそれを読まずにいることはできない。人間はそんなに我慢づよくない。じぶんのまわりに、ぜひ読みたいもの、読む値打ちのあるものが大量に存在する以上、なんとしてでもそれを読む工夫をするにきまっている。その工夫、つまり気持よく読むための道具として特化された小型コンピュータの登場が、二十一世紀の出版史をいろどる大きなトピックになるだろう。それは構造的必然の問題であって、私たちの趣味や心性にかかわる問題ではない。二十一世紀のどこかの時点で、人びとは情報処理を読書に変えるすべをかならず開発してしまうはずだ。たとえそれが、いまの私たちの読書習慣とどんなにちがっているとしてもね。

こうして一方にインターネットという公共の場に本を無料で提供するおびただしい数の人びと（作者）が出現し、他方では本を無料で手に入れ、それを読んだり読まなかったりする新しい読者層が形成される。こういう関係は二十世紀には存在しなかった。すなわち同人誌とか運動パンフレットなどのごくわずかな例外をのぞけば、二十世紀の「本の世界」は商品としての本の売り買いによって成立していた。出版はそのことで、小なりとはいえ、ともかく産業でありつづけることができたのである。

でも二十一世紀はちがう。図書館、大学、大小の官庁や研究所、運動体、新聞社や出版社をふくむ諸企業、もちろん有名無名の個人や小集団などが、おびただしい量の無料情報を放出し、それがインターネットにどんどん蓄積されていく。そういう活動が世界中で何十年もつづく。おとなも子どもも、専門家も非専門家も、それらのデジタル文書をさまざまなやり方で読み、感じたり考えたりし、それぞれの想像力をはばたかせるきっかけをつかむ。つまりは読書の新しいしかたが徐々に確立されていく。こまかいところまではわからないが、二十一世紀の出版史がおおよそそういった過程を軸に進行していくであろうことは、ほとんど疑いようがないことのように思える。

そして、もしそうだとしたら、商品としての本を中心にかたちづくられてきた二十世紀型の出版産業は、この先どうなってしまうのだろう。

あえて断定するが、二十世紀型の出版産業は二十一世紀のデジタル情報の海にはうまく適合できない。この数年間、商品としての本を生産し流通させる現在のしくみを新しい環境に適合させようとする努力が、さまざまなやり方でためされてきた。しかし、オンライン書店にはじまる物流に限定された企てはともかく、電子出版、すなわちデジタルデータ自体を本として生産し販売する試みのほうは、ことごとく失敗に終わった。技術的な難点も多々あるし、読者の大多数がコンピュータでの読書をすすんで受け入れる状態になっていないという問題もある。だがそれらにもまして、「インターネットで入手できるコンテンツは無料」という人びとの常識をひっくりかえす決め手が見つからない。そのことが電子出版にとっての最大のネックになっているのである。

五年まえ、出版電子化の第一走者として期待されていた大百科事典もマンガ週刊誌も、この壁にぶつかって、あえなく敗退した。オンライン版『ニューヨーク・タイムズ』の失敗がしめすように、オンライン新聞やウェブ雑誌の有料化も、いまだにそのメドがたっていない。

はたしてこの無料原則の壁を突破することは可能なのか。私の考えは悲観的たらざるをえない。「インターネットは無料が基本」という私たちの感じ方はこの先も大きく変わることはないだろう。するとどういうことになるのか。私たち、二十世紀の出版産業のうちでそだった人間は、商品としての本をつくる技術や経験をそれなりに身につけている。しかし私たちには、その技術や経験を「原則的にタダ」のインターネット環境でつかいこなす能力がない。むりして能力ありげにふるまってみても、たちまち化けの皮がはがれる。そうした状況を私たちが出版現場で生きているあいだに変えるのは、ちょっとむずかしいのではないか。

もちろん、こうした無料情報の大海から出版ビジネスを立ち上げる方法も、いずれは見つかるにちがいない。でも、それをやるのは二十世紀的なビジネスに習熟した私たちではない。はじめからインターネット環境のなかでそだち、そのいいところもわるいところも自分の頭とからだで知りつくした新しい世代の人びと、具体的にいえば、いまはまだ保育園や幼稚園にかよっているような幼い子どもたち、あるいはその子どもや孫たちなのだ。かれらが大人になったとき、もしかしたら新しい出版産業のかたちが、ようやくはっきりと見えてくるかもしれない。それがどういうものになるのか、私たちには見当がつかない。もし見当がつくなら、いまそれをはじめることだっていくらも可能なはずなのだから。

私たちはインターネットを甘く見ている。だからこそ、そこでも電子の本を安定した商品に仕立てあげることができるかもしれないなどと、むなしい期待をいだいてしまう。でも実際には、私たちがそこでできることはそんなにはない。「商品としての本」からはなれられない以上、けっきょく私たちは「無料情報の大海」の外側で、これまでどおり紙の本をつくりつづけるしかないのである。

そういうと、なんだか陰気にきこえるかもしれないが、そんなことはない。それはそれで十分にやりがいのある仕事なのだ。

インターネットの時代にあえて紙の本をだしつづけるからには、本と人間との長いつきあいの歴史を背景に、なぜ私たちはいまも「印刷した紙を四角く綴じた本」という形態を必要とするのかということを、これまで以上に厳密に考えながら日々の作業にとりくまなくてはなるまい。インターネットの無料情報になれた人びとに有料の本を売るには、それなりの努力が必要になる。おなじ努力なら、大量生産、大量宣伝、大量販売、大量廃棄の怪物に奉仕させられるよりも、こちらのほうがよほど魅力的ではないか。

もうひとつは、インターネットと紙の出版とのあいだに立って、インターネットに蓄積されたデジタルデータを紙の本に出力するしくみを洗練させること。そして、その仕事をだれにもまねできないようなしかたで専門化してゆくこと。

たとえばオンデマンド出版がそうである。オンデマンド印刷の技術はこれからも私たちの予測を大きく上まわって進展しつづけるにちがいない。それによって、これまでの経験をいかしつつ、しかもこれまでとはことなるしかたでの紙の本の出版が可能になる。そうした境界領域がほかにもいろいろ存在するはずだ。その芽をみつけて、そだてる。それもまた十分にやりがいのある仕事になるにちがいない。

インターネットは手ごわい。すくなくともそれは、いまの出版危機を一挙に挽回する切り札として部分的に利用できるほど生やさしいしろものではない。そのことを忘れて、うっかり足を踏み入れると、とんでもないことになる。

それよりはむしろ、使いなれた道具をつかって自力更正の道をさぐるのが先決だろう。「無料情報の大海」からじかに出版ビジネスを立ち上げるのは、あとの世代にまかせてしまったほうがいい。私たちのでる幕ではない。まだ書かれていない二十一世紀の出版史がそのことを私におしえてくれる。

無料情報の大海のなかで　2001

津野さんは最近、『書店経営』で「もし私が二十一世紀の出版史を書くとしたら」という文章を書いていらっしゃいますね。ちょっと要約して話してもらえませんか。

すぎさった時代を語るには「回想の次元」だけでなく「期待の次元」が必要だという鶴見俊輔さんの説（『期待と回想』）があるでしょう。そのひっくりかえしなんです。二十世紀が終って、そこから二十世紀の出版史を振りかえるというやり方での仕事が、ぼつぼつ出はじめている。じゃあ、そのやり方を、はじまったばかりの二十一世紀にあてはめて、つまり、いまが二〇〇一年ではなく二一〇一年であるかのごとく仮定して、そこから二十一世紀の出版史を「期待」

ではなく「回想」の次元で語ったらどうなるだろうか。
　鶴見さんの場合は、そのときどきでのあやまりをふくんだ過去の「期待」を、事後の「回想」によってなかったものにしたり、都合よく修正してしまうのをやめるという説だけど、未来について語ると悲観的にせよ楽観的にせよ、逆に、せっぱつまった「期待の次元」一本槍になってしまう。『だれが「本」を殺すのか』とか『出版大崩壊』とか『出版動乱』とか、おっかないタイトルの本がよく売れてるじゃないですか。(笑)なんだかみんな、すぐにせっぱつまる。そうならないためには、われわれの生きている「いま」の層を、もうすこし分厚くとってみたほうがいいんじゃないかと考えたんですがね。

じゃあ、もし二十一世紀の出版史を回想するとして、それは二十世紀の出版とどうちがってくるんですか？

本の世界の中心部に「インターネットによって支えられた無料情報の広大な海」が存在するようになる。書く人間も読む人間も、それをつかって広い意味での本の世界にかかわりはじめる。構造的にみれば、やはりそれがいちばんのちがいだと思います。特徴の一つは、そのネットワークがいやおうなしに地球大のひろがりを持ってしまうということ。もう一つは、そこでの情報のやりとりに金がからまないということ。

　ここでは第二の特徴についてだけ触れるけど、金がからまないというのは、やっぱり、すごいことなんですよ。無料情報を「無料の本」といいかえれば、もっと話がはっきりしてくる。というのも、二十世紀の本の世界は、わずかな例外をのぞけば、基本的には「商品としての本」の売買によって成立していた。商品だから、もちろん有料です。なにしろヨーロッパ（活字本）や日本（木版本）で十六、七世紀ごろから産業化の道をあゆみはじめた出版が、紙の大量生産化や印刷技術の高度化をへて、その最高度の段階（本の大衆的市場の成熟）に到達したのが、ほかならぬわれわれの時代だったんですから。

　つい最近、日本エディタースクール出版部から永嶺重敏さんの『モダン都市の読書空間』という本がでました。あの本を読むとよくわかるんだけど、日本では一九二〇年代、つまり大正から昭和にかけて、円本や文庫本とか『文藝春秋』のような新しいタイプの雑誌が次つぎにあらわれて、読書人口が爆発的に増大した。都市の新中産階級だけじゃなく、労働者や女性や子どもまでが読者として加わってきて、本や雑誌が十万とか百万部単位で売れるようになったというんですね。

　その大衆化傾向が二十世紀も終りに近づくにつれて加速度的に爛熟していって、いまや、本はなによりもまず商品でなければならない、という考え方が本の世界の全体を支配するようになってしまった。その「商品としての本」信仰が極限にまで達するプロセスを私たちは生身で生きてきたんです。だから、その枠内でしか本というものを考えられなくなっている。もちろん同人誌、ハイブラウなリトル・マガジン、タウン誌、運動パンフレット、マニュアルといった無料の本もあるにはあった。だけど私たちの目には、それらはあくまでも本の世界の辺境における例外的な存在、いわば「れっきとした本」ではない二流、三流の本や雑誌としてしか映っていなかったということですね。

その無料の本が、二十一世紀になると、本の世界の中心部に途方もなく大きな位置をしめるようになる。いわば巨大な台風の目がどかっと居すわってしまうみたいなものです。

それをミニコミ的なものの電子的拡張とか、出版システムの民主化運動みたいなイメージで考える人もいるけど、それだとちょっと狭すぎる。趣味やジャンルのちがいとか、市民的善意のあるなしをこえて、ありとあらゆる領域で情報の価値をめぐっての一種のパラダイム変換がおこる。図書館・大学・研究所といった諸機関、新聞・雑誌などのジャーナリズムからも無料のデータがはいってくるし、有名無名の個人や小集団が提供する情報（作品）もある。無料無償ということに新しい価値が生じて、時間がたつにつれて質の高い多様な情報が幾何級数的に増大していく。

そうやって形成されるインターネットの時空にどのように対応するか。そのこと抜きでは本も出版も成立しえないという状態がかならずやってくるでしょうね。そして、そこでの大小さまざまな対応の試みが、おのずから、二十一世紀の出版史を織りなしていくにちがいないということなんです。

つまり出版産業は無料情報のブラックホールに呑みこまれて、遠からず消滅してしまうだろうということですか？

いや、そうは思いません。ビジネスとしての出版は今後も二つのかたちで存続していくと思う。一つは旧来のものの縮小的延長として。もう一つは、無料情報の大海から直接にたちあげられるであろう新しい出版ビジネスとして。

まず前者についていうと、いまの出版産業がこれまでの経験をまるごと生かした仕方で、インターネットをつかった電子出版の世界（無料情報の大海）に参加していくのは、不可能とまではいわないけれども、きわめて困難なしごとになると思います。出版人も最初のうちは、電子本、つまりデジタル・コンテンツに加工された本だって、やり方しだいではなんとか安定した商品に仕立てられるだろうと考えていたと思うんですよ。事実、マンガ雑誌とか大百科事典は二十世紀中にはデジタルに移行しているだろうという予測もあったわけだけど、これまでのところは、ことごとく失敗に終っている。

いろいろ理由はあるようですが、いちばん大きいのは、人びとのあいだにインターネットはタダという暗黙の了解が急速にできあがってしまって、オンラインで流通する電子の本にだれもお金を支払おうとしないことです。その壁にぶつかってはよろめき、ぶつかってはよろめきという状態がずっとつづいている。

おそらくこの先もむずかしいんじゃないかな。いずれ精緻な電子出版物の有料化システムが完成するだろうとは思うけれども、でも、そのころのインターネットには、すでに、その何千倍、何万倍もの上質な無料情報が蓄積されてしまっているでしょうからね。商品としての電子本はその一部分というウェイトしか持ちえない。中心ではなく周縁、主役というよりはむしろ脇役ですね。極端にいえば、二十世紀の出版界における同人誌や運動誌みたいな地位におい込まれてしまうかもしれない。

二十一世紀のインターネット空間では、商品としての本が、おびただしい量の無料の本によって包囲される。そこで生じてくるのがコピー問題、著作権問題です。優位に立った包囲側の習慣（デジタル情報は原則的に無料である）が、包囲される側の習慣（本は原則的に有料である）を徐々におかしはじめる。そうなったら、あとはインターネット空間から身をひくと決心すること以外に、もう手の打ちようがないんじゃないですか。

けっきょく、旧来の出版産業はインターネットのそとで、これまでどおりの紙の本の世界にとどまりつづけるしかない。そして、たぶんそれが正解なんですよ。

ただし、それでは従来の経済規模を維持することはできない。したがって戦線を徐々に縮小していくしかない。それが「旧来のものの縮小的延長」ということの意味です。一九九七年以降の四年間で出版産業の総売上は九〇年代初頭の段階にもどってしまった。このままいけば、十年後には八〇年代はじめの規模にまで後退してしまうかもしれない。さらに二十年たてば、六〇年代の、いまの三分の一ぐらいの規模に縮小している可能性だってなきにしもあらず。バブル崩壊とか景気の落ち込みといった理由もあるけど、それ以上に、これは旧来型の出版が縮小過程にあることの予兆的なあらわれなのだろうと私は思います。人がだんだん本を読まなくなっているというようなことをもふくめて、われわれをのせた船は、いまのところ、その方向ですすんでいるとしか考えられない。

でも、それはかならずしもわるいことではないですよ。いまの三分の一というのは、年間出版点数でいえば二万点ちょっと。もちろんこれは相当に少ないかずです。六〇年代というのは私が編集者になった時代だからよく知っていますが、読みたい本が読めなくて、私みたいな本好きの若い連中は、ほとんど恒常的な本の飢餓状態に追いこまれていた。

でもそれは紙の本しかなかったからなんであってね。二十一世紀はそうじゃないでしょう。

古典であろうと最新の研究であろうと、インターネットに接続すれば、そこには商品ではない本の広大な世界がちゃんと存在しているんだから、どう転んでも腹が減ってぶっ倒れる心配はない。いまの三分の一ていど。書き手や編集者の能力からいっても、もしかしたら、それくらいが日本の出版業にとっての適正規模かもしれないですよ。

いずれにせよ、二十一世紀には、なぜ私たちは「印刷した紙を四角く綴じた本」というかたちをいまだに必要としているのかということを、本と人間との長いつきあいの歴史を背景に、これまで以上にきびしく考えなければならなくなるでしょうね。そうしないと本が安定した商品にならないから、という理由だけではもう弱い。それではインターネットの腕力に押し切られてしまう。

たとえば「定着」という一点をとっただけでも、印刷本にとってかわるメディアはまだ存在しないんです。だから特定のテキストをなんらかの手段で物質的に定着しておく必要があると私たちが感じつづけるかぎり、紙の本はほろびない。というよりも、ほろびようがないんですよね。

ただし物資的定着というのは、もともと矛盾をふくんだ概念です。古代人は大切なことばを石という堅固な物質に刻むことで永遠に定着しえたと考えたけど、その石のことばだって、やがてボロボロに崩れて消えてしまった。紙の本だって同じです。私たちがどう幻想しようと、印刷による定着も絶対的なものではありえない。したがって、よほど本気にとりくまないと、その幻想までインターネットのほうにもっていかれかねない。なにしろボイジャーの萩野正昭さんにいわせれば、いまやデジタルデータがすべての本のもと、いわば不滅の原液になってしまったというんですから。その意味では、紙の本にたいする以前のような無垢な信頼感はすでに失われたと早めに覚悟しておいたほうがいい。そう私は思うんだけどな。

では後者の、まだ見えていない新しい出版ビジネスというのは?

もしインターネットで電子出版をビジネスとして成立させることができるとすれば、それをやるのは、これまでに商品としての本の生産や流通にかかわる経験をつんできた、われわれのような二十世紀型の出版人ではないだろうということです。はじめからインターネット環境でそだって、そこでの動き方や感じ方しか知らない、それが自分にとっての第一の環境だと思えるような連中が成熟してくれれば、そこ(無料情報の大海)からまっすぐ新しいビジネスを立ち上げることだって、いくらもありうると思う。具体的にいえば、いま保育園や幼稚園にかよっている子どもたちからあとの人たち。われわれはもちろんだけど、いまの大学生や高校生でもむりだと思う。いま本の生産者や消費者になってる連中は、どうしても伝統的な出版モデルから逃げきれないでしょうからね。

マンガ雑誌や大百科事典が電子化に失敗したのは、われわれの世代の人間が、その経験や利害のすべてを温存した上で、インターネットに強引に移行しようとしたからです。そのため一敗地にまみれてしまった。

でもマンガ雑誌的なもの、百科事典的なものがデジタル世界で魅力的によみがえるだろうという観測自体は、すこしもまちがっていなかった。したがって新しい世代が成長したとき、その連中がマンガ雑誌的なものや百科事典的なものを、旧来の出版産業とは別のやり方でビジネス化していく可能性はまだ消えていない。ただし、それがどういうかたちになるかは、まったく想像がつかない。想像がつく程度のものなら、自分たちでやっちゃいますよ。(笑)

インターネットの基本はデータベースです。つまり索引ではなく検索の世界。そのデータベースと検索システムがインターネットによって、はじめてわれわれの日常生活のただなかにはいりこんできた。

でも、だからといって、インターネットがそのまま百科事典になってくれるわけじゃない。もちろんいまでも、われわれがインターネットを百科事典的に使うというようなことはあります。だけど、そこで入手した情報がどれだけ確実かはわからない。個々のサイトが知らないうちに消えてしまうこともあるし、責任をもって情報を更新してくれる保証もない。そこで、だれかがインターネットをもっと信頼に足る本格的な百科事典に変身させるしくみを考えたとする。たとえば、さまざまなサイト連合みたいなものの中から新しい百科事典システムがつくりだされて、なんらかのきっかけをつかんでそれが有料化していくというようなことが起るかもしれない。でもそれをやるのは、われわれみたいに後からデータベースの力を知ってビックリしたような人間ではない。やっぱりデータベースと検索の世界に産みおとされて、その機微を自分のからだの常識として知りつくしている人間じゃないとね。

そういう観点からすると、たとえば佐野眞一さんの『だれが「本」を殺すのか？』（ダイヤモンド社）などについては、どう考えられますか。

おもしろかったですよ。でも「一億総懺悔」というかね、すべての出版人が心がけを変えないと現在の本の危機は乗り越えられないぞとおどかしてすますだけでは、ちょっとずるいんじゃないかしら。いまの危機は「商品としての本」を中心にかたちづくられてきた二十世紀出版史のとうぜんの帰結なんですから、みんなが懺悔して心がけを正すという程度のことで解決できるわけがないんです。

佐野さんの本は産業としての出版の危機をあつかったものだから、その意味ではビジネス書の一種です。だから、そのぶん危機のつかまえ方が短期的、表層的にならざるをえない。その意味で象徴的なのは、佐野さんの本から「著者」と「読者」にかんする記述がすっぽり抜けていることだと思います。そこが私には物足りなかった。だって、もしほんとうに「本を殺す」やつがどこかにいるとすれば、それは著者と読者なんですから。もっと限定的に、いまの状況によりそっていえば、出版の大衆市場化がすさまじいしかたで推しすすめられたことによって著者と読者の意識に生じた、ただならぬ変化ですね。

ジョージ・オーウェルが一九四七年に発表した「なぜ私は書くか」という有名なエッセイがあるでしょう。かれはあそこで「なぜ自分は書くのか」という理由をきわめてあけすけなやり方で書いている。

一番目はエゴイズム。かしこい人間だと思われたい、人の話題になりたい、むかし小学校でオレをいじめた連中を見返してやりたい、というようなね。

二番目は美的情熱。自分の原稿がいい紙に美しい活字書体で適切な余白を持って印刷されている。そういう本の物質的形態にかかわる満足感をもとめて書くというんです。

三番目は、世界はこうあるべきだというメッセージをほかの人びとに伝えたいという広い意味での政治的動機。そして四番目が、自分が見聞きしたほんとうのことを記録して後世に伝えたいという証言欲みたいなもの。

オーウェルの時代には、インターネットはもちろん、まだテレビも存在していなかった。だからこれは、そういう混じりっけなしの紙の世界、つまり二十世紀に極限化した「商品としての本」中心の出版構造のなかで、それによって形成されてきた「書く動機」のリストなんです。では今後、インターネットの時代に、これらの動機はどうなっていくのか。もしまったく変わらないのだとすれば、インターネット空間での著作活動など、最初からなりたちようがないということになってしまうかもしれない。

メッセージを伝えたいとか記録を残したいという欲求は、インターネットでも、たぶんこれまで以上に広く充たせるんじゃないかと思う。だけど、大きな新聞広告がでたり本屋の平台にドカッと積まれたりというようなことなしで、はたして著者のエゴイズムは十分に満足させられるのかどうかですね。あるいは紙やインクや活字や綴じ糸などの物質によって支えられるものとは別の美的満足感みたいなものが、インターネット環境からも得られるようになるのかどうか。

それにもう一つ、なぜかオーウェルはあげていないけれども、いまの著者なら、書くことで自分が暮らしていくための収入を得たいという経済的な動機をまっさきにあげるでしょうね。その当然といえば当然の欲求を、はたしてインターネットは充たしてくれるのかどうか。

そうしたすべてをひっくるめて、いまの時代に著者を著者たらしめている動機なり欲求なりがどこまで変わりうるものなのか。それとも、まったく変わらないのか。もっといえば、現在、さいごの経済的動機のリアル感がほかの諸動機を圧して、それこそ「本を殺す」までに肥大させられてしまっていないかどうか。そうしたことを、佐野さん自身のこともふくめてあけすけに書いてくれたら、あの本はもっとおもしろく切実なものになったと思うんです。

私は著者の意識はいずれ変わるだろうと思っています。読者の意識もそうだけど、本とのつきあい方や本についての意識は、やはりどんどん変わっていくんです。しかも変わっても変わらないものがそこにはある。たとえ世界全体がデジタル化され、インターネットになったとしてもね。だから本は殺せない。出版業はなんどでも殺せるだろうけどね。(笑)

私はコンピュータ嫌いになりそうだ　2002

私が最初にパソコン（マッキントッシュSE）を入手したのが一九八八年だった。したがって今年で十四年目。そのまえの専用ワープロ時代をふくめると、すでに二十年ちかく机上のコンピュータとつきあいつづけてきた勘定になる。その私がいまはもう六十三歳である。このままいけば、遠からず新品のパソコンをかかえて朽ちはてる最初の一般ユーザーのひとりになるだろう。

ただし、ほんとうに「このままいく」のかどうかは、じぶんでもわからない。いかない可能性だって十分にある。あれから十四年たったというのに、パソコンはいまだに老人が安心してつかえるような枯れた道具にはなっていないし、パソコン関連の諸企業がそういう道具をつくろうとマジメに努力しているとも思えないからだ。

老人にかぎった話ではない。マニアやプロや企業ユーザー以外の一般ユーザーにとって、現在のパソコン環境はあまりにも酷薄すぎる。この酷薄さが今後もつづくのだとしたら、私はいずれ七十歳になった記念に、じぶんの部屋からすべてのコンピュータ関連機器を苦虫を嚙みつぶしたような顔して追放してしまうかもしれない。どちらかといえば私は我慢づよいほうの人間だと思うが、それにも限度がある。バカなくせに格好だけつけた機械とジタバタ格闘しながら老いさらばえてゆくのはごめん。

パソコンであれなんであれ、私たちが特定の道具と安定した気持でつきあうためには、まず道具の側で（ユーザー側ではなく）いくつかの条件がきちんとみたされていなければならない。その条件を思いつくままに三つあげておこう。

① なじみ甲斐のある道具であること。
② いちいち使い方をかんがえなくても、無意識のうちに操作できること。
③ 他人ではなくじぶんの必要によってつきあえること。

せめてパソコンがこれらの条件のどれか一つでもみたしてくれていたらよかったのに。しかしもちろん、いまのパソコンはそうなっていない。

ウィンドウズにせよマッキントッシュにせよ、以前は一台のパソコンがつかえる期間は五年といわれていた。それでも短すぎると感じていたのに、やがてそれが三年になり、いまでは二年という人さえいる。新製品が市場に投入されるまでの時間もますます短くなってきた。OSはたえずバージョンアップを繰りかえし、周辺機器やアプリケーション・ソフトがバタバタとそのあとを追う。この世界にはモノの古びが価値をもちうる道がまったく用意されていないのだ。

モノだけではない。新製品や新バージョンが登場するたびに、古い道具によって習得した私の知識や技術もあっさり無意味化される。忘れるためにおぼえ、おぼえるために忘れる。その反復。こんなことで、「無意識のうちに操作できるなじみ甲斐のある道具」などが期待できようわけがない。

これまでつかっていたマッキントッシュがうまく動かなくなった。そこでやむなく新しい機械に買い換えた。古い機械では、コンピュータ本体にプリンターやスキャナーなどの外部機器をつなぐのに、スカジー（SCSI）という接続規格が採用されていた。ところが新しい機械では規格が変わって、これまでのプリンターやスキャナーがつかえなくなってしまった。さあ、どうすればいいのか。

もちろん古い経験はなんの役にも立たない。たまたま私は本屋で立ち読みしたパソコン雑誌のQ&A欄で知ったのだが、この場合、まずスカジーカードというものをどこかで買ってきて新しい機械にセットしなければならないらしい。

でも、それだけではだめ。プリンターやスキャナーのドライバー・ソフト（パソコン側から周辺機器をコントロールするソフト）と、さらにもうひとつ、スカジーカードのドライバー・ソフトも最新のものにかえておく必要がある。では、それらのソフトはどうやって手に入れるのか。ユーザーがじぶんで各企業のウェブサイトにアクセスして、そこからダウンロードしてくるのだ。しかも、そうまでやってもスムーズにいかないことがしばしばらしい。

こうしてユーザーは、新しいパソコンに古い周辺機器をつなぐという単純な目的を達成するだけのために、何日もかけて、幾段階かのやっかいな作業をじぶんひとりの力でこなさなければならなくなる。それでもうまくいかなければ最初からやりなおす。脳ミソのどこかで「シジフォスの神話」という古いことばがチラチラしはじめる。つかれるなあ。そんな面倒なこと、まともな老人にやれるか。若者や中年だっていやだろう。やむなく人びとは、つまり私は、まだ十分につかえたはずの古い周辺機器を廃棄して、不承不承、新しいプリンターやスキャナーを買ってくる。

じぶんの必要？

冗談じゃない。パソコン企業という「他人」が利潤追求のために人為的につくりだした必要にひきまわされて、じぶんの時間や労力や神経をむなしくすりへらしているにすぎない。

この例からもわかるように、パソコン本体は複数の記憶装置や入出力装置とケーブルや無線でむすばれている。そしてそれらをうごかすために相互に依存しあう大小のソフトウェアが組みこまれる。という意味で、もともとパソコンはそれ自体で完結した単体ではなく、そとに「開かれたシステム」として存在してきた。

開かれた、などというと、それだけでいいことのような気がするが、パソコンをただの道具として考える（私の場合）と、じつはそこが最大の難点になる。

――このみのDTPソフトが、OSがかわって、とつぜん使用不能になる。

――プリントの時間がかかりすぎる。友人におそわった特効薬ソフトを組みこんだら、本体のうごきが異様にガタガタしはじめた。

この十四年間、そんなことをかずかぎりなく体験させられた。

なにしろあいてが複雑にからみあったシステムだから、トラブルの原因がコンピュータ本体にあるのか、ソフトや周辺機器にあるのか、それらの組みあわせ方に問題があるのか、それとも私がどこかでとんでもないマチガイをおかしてしまったのか、まるで見当がつかない。したがって失敗にまなぶことすらできない。結果として、いつまでたっても（十四年間！）初心者の不安や苦痛から逃れられない。それがいやなら、じぶんの関心の大半をコンピュータに向けるマニアの人生を受け入れるほかない。勘弁してくれよ。こっちはマニアになる気なんか、これっぽちもないんだから。

いまのところ、こうした「開かれたシステム」の特性をもっともうまく利用しているのはユーザーではなく企業の側である。バグ通知、その修正ソフト、ＯＳのマイナーチェンジ、新バージョンのドライバー・ソフト、マニュアルなど、ほとんどの場合、企業はそれらの情報や道具を黙って自社のウェブサイトにおいておく。それらの情報や道具をじぶんからユーザーに送るなどということは、いまはもうどこもやらない。

したがってユーザーは各企業のサイトにこまめにアクセスして、新しい変更のなにが必要でなにが必要ないのかを判断し、「なにが起ってもあなたの責任です」とおどかされながら、必要と考えるものを、そのつどじぶんのパソコンにダウンロードしてこなければならなくなる。自己責任と自助努力。きれいなコトバにつられてユーザーだけが一方的に時間と労力を提供させられる。なるほど、これがＩＴビジネスというやつなのか。

この世界では、コンピュータ本体もソフトも周辺機器も、かんじんな道具はすべて商品としてしか存在しえない。ほかの可能性もないではなかったのだが、結局、そういうことになってしまった。すべての価値の源泉を経済に見て、そのことをだれもうたがわない。そんな世界で老人が安心して生きられようわけがない。

だったら初心にもどって、ほかの可能性をためしたほうがいいと主張する人たちもいる。ユニックス、自作パソコン、MS-DOSの再習得。なんでもこころみてパソコンのブラックボックス化とたたかうべきだ。それがユーザーの責任ではないのか。

あたまの中の実験としてであれば私もそういう考え方はきらいではない。どんどんやってほしい。でも私にやれといわれてもこまる。私にはそんな作業に時間をさく余裕も能力もない。私は機械少年でも無線少年でもなかった。もしアップル社が一九七〇年代のすえに、自社製のパソコンにデスクトップ・イメージ（ブラックボックス化技術の傑作！）を採用してくれなかったら、私のような人間が、パソコンなどに手をだす機会はゼッタイにやってこなかったろう。これからだっておなじ。私にはコンピュータ言語の勉強よりもやりたいこと、やらなければならないことがいくらもある。

私はコンピュータのもつ力を盲信はしない。でも、それなりに大切に思っている。そうでなければ、こんな雑誌（『季刊・本とコンピュータ』）をだしつづけるわけがない。それなのに、いま私のうちでは、コンピュータ、とりわけ日用品としてのパソコンにたいする不信感が急速につのりつつある。

なんどもいうようだが、いまの世界ではパソコンは商品としてしか存在することができない。

その商品としてのパソコンが、だれものぞんでいないのに勝手にネットワーク化され（コスト削減のため）、よけいな機能が付加され（市場競争を勝ち抜くため）、どんどん複雑でつかいにくいものにされていく。

コンピュータには未来がある。でも商品に未来はない。あるのは現在だけ。その点では六十三歳の男も同じ――。

その未来のない両者のつきあいがしだいにガタピシしはじめた。「なじみ甲斐？ そんなもの知ったこっちゃないよ」面《づら》した浅いシニシズムの蔓延。なんだかいやな老後になりそうだ。タバコをやめるのとパソコンをやめるのと、どっちが簡単だろうか。

孫悟空——印刷の文化英雄　2003

東アジアには西欧とはちがう印刷の伝統や書物の歴史があります。その東アジア独特の印刷や書物文化をまるごと代表するに足る象徴的存在をえらぶとする。私だったら一も二もなく孫悟空を推薦しますね。

私は子どものころから『西遊記』を愛読してきました。孫悟空がワキの下のやわらかな毛をひとつかみ抜きとり、「フッ」と息を吹きかけると、それがたちまち無数の小さな猿にかわって、如意棒を手に敵の妖怪に打ってかかる。『西遊記』に何度となくでてくる「悟空分身」の場面が大好きだったのです。

だから絵本や少年少女むけのダイジェスト本にはじまり、まんがでいえば宮尾しげをや手塚治虫の古典から諸星大二郎や藤原カムイの新作にいたるまで、これまで、数おおくの『西遊記』とつきあってきました。そのどれにも（ただし諸星のものをのぞく）この場面が魅力的にえがかれています。岩波文庫の新しい完訳版となればいうまでもありません。みなさん、よくご存知のことと思いますが、念のために、その第八十六回（文庫でいえば第九巻）から、「隠霧山折岳連環洞」における妖怪大王との戦闘場面をすこしだけ引用しておきましょう。

> 悟空は、小妖どもがなかなかに勇猛で、おいそれと退却しないと見てとるや、分身法を使うこととしました。にこ毛をひとつかみ抜いて口のなかで咬みくだき、プッと吹きだしてから「変われっ！」と叫ぶのです。すると、たくさんの小悟空に変化《へんげ》しましたが、それぞれに金箍棒をもたせ、前方から敵陣の奥へと進撃させました。（中野美代子訳）

これを読めば、なぜ私が「東アジア圏の印刷文化のシンボル」として孫悟空をえらびたいなどというのか、すぐわかっていただけるのではないでしょうか。

ひとつの原型からたくさんのコピーをつくる。それが印刷です。ガリ版であろうと高度なデジタル印刷であろうと、この原理は変わりません。

一方、孫悟空は体毛をひと吹き、それをたちまちじぶんの無数の分身に変えてしまいます。

この場合、悟空は「原型」であり、たくさんの小悟空はその「コピー」にあたるといっていいでしょう。そのコピーが世界中に飛びちり、進撃し、ゆっくりと世界を変えてゆくのです。そう、印刷が、そして書物がまさしくそうであるように。

――というようなことを、じつは以前、外国の人たちに話したことがある。でも残念ながら欧米人にはまったく通じませんでした。なにしろかれらは『西遊記』を読んだことがなく、とうぜん、孫悟空がなにものであるかも知らないのですから。

しかし中国や台湾や韓国、つまり東アジアの人びとには、即座に、それこそイッパツでつうじた。私たち東アジア人は孫悟空という共通の文化英雄をもっている。そしてまた、西欧とはちがうタイプの書物――「やわらかで軽い手すき紙に漢字で書かれたテキストを木版で印刷した書物」を、ながいあいだ国境をこえて共有してきた記憶をまだ忘れずにいます。その両者をひとつにつなげて考えることは、私たちにとっては、すこしもむずかしいことではないのです。

もちろん、いまはもう「やわらかで軽い紙に漢字を木版で印刷した書物」は、東アジア全域からほぼ消滅してしまいました。

でも、この失われた記憶をよびさまし、そこから新しくなにがひきだせるかを検討しあうぐらいのことはできるのではないか。そう考えて、「本とコンピュータ」編集室は二〇〇〇年十二月、東京のギンザ・グラフィック・ギャラリーで、中国・台湾・韓国の出版人とともに「西遊記版・本とコンピュータ展」という催しをもちました。

そして今年から来年にかけて、大日本印刷ICC本部の力を借りて『東アジアに新しい「本の道」をつくる』という本を共同編集し、それを日本語、中国語の簡体字と繁体字、韓国語、英語の五つの文字で印刷して各国で発売する計画をすすめています。孫悟空の「分身法」の力、すなわち印刷の力は東アジアではまだ衰えていない。そのことをいきいきと示すことができればいいと願っています。

東アジア共同出版でなにをやるのか　2004

1

この数年、これまでは遠かった東アジア諸国の出版人のつきあいが急に深まってきた。そして、その開始されたばかりの交際のなかから、この本（『東アジアに新しい「本の道」をつくる』）の計画が生まれた。

アジアのこの地域になじみのない英語版の読者諸氏は、お手持ちの世界地図をひろげてみていただきたい。広大な中国大陸の東南部から朝鮮半島がつきだし、さらに南方の海上に台湾島と日本列島が小さく浮かんでいるのがわかるだろう。ここが私たちの出版活動の場、私たちが本書でとりあえず「東アジア」と呼んでいる地域である。ご覧のとおり、中国、韓国、台湾、日本——それぞれの国のあいだの距離はきわめて小さい。しかし冒頭にも書いたように、二十世紀後半の五十年余、東アジア各国の出版人をへだてる心理的距離は、たいへん大きかった。ごく少数の例外をのぞいて、お互いの顔も仕事も考えていることも、なにも知らないし、知ろうともしない。近くて遠い国。どの二国間をとっても、なぜかそういうことになってしまっていたのだ。

おおまかにいって、これには二つの理由がある。

第一の理由は、いうまでもなく、十九世紀後半以降、旧大日本帝国がこの地域に軍事的・政治的・経済的に押し入り、植民地化したり半植民地化したりした期間が長くつづいたことである。そしてそこに、第二次世界大戦後、日本をのぞく三つの国で、それぞれにことなる政治的事情のもとで「言論と出版の自由」にきびしい枷がかけられつづけてきた、という第二の理由がかさなってゆく。その結果、

「この百年間に近代化を一気に経験する過程で、各国は互いを認めるよりも、むしろ無視したり攻撃したりすることが多かった。そういう状況では、共通の『本の文化』は忘れ去られていたといってもいいだろう」

と、本書の編集委員のひとり、韓国の出版人ハン・キホ氏がいうような状況が延々とつづいてしまったのである。

しかし、世紀の変わり目をあいだにはさんで、お互いの交際がしだいに深まるにつれて、私

たちは、この相互不信や相互無関心はかならずしも乗り越え不可能な条件ではないらしいことに、ようやく気づくようになった。その発見のよろこびがなければ、各国の出版人が「東アジアの本の文化」にかんする本を共同で編集し、できあがった本を、それぞれの国で、それぞれの言語（文字）によって出版するという、ほとんど無謀に近い、それゆえにかつて一度も実現したことのない類いの共同出版計画を思いつくことなど、けっしてなかっただろう。

もとより私たちの計画は一つのはじまりにすぎない。この先、ほかにもさまざまな試みがあらわれて、アジアのこの地域に新しい相互理解の道がつくられてゆくにちがいない。その過程に私たちもすすんで参加したいと思う。

2

さて、この本をどのように編集しようか。

二つのやり方がある、と私たちは考えた。一つは文化史的な接近法《アプローチ》である。すなわち、かつて東アジアが二千年間、みじかく見ても千五百年にわたって共有していた「本の文化」の失われた記憶をよびさますこと。そして、もう一つがジャーナリスティックな接近法。つまり、めいめいが現在の出版状況について具体的に報告しあうことによって、長いあいだ、私たちのこころをしばってきた相互不信、相互無関心の習性を変えてゆくきっかけをつくること――。

まず第一の接近法だが、かつて東アジアの人間は、おなじ地域的特性をもつ、したがってヨーロッパのものとはかなり異質な本のかたちを国境をこえて共有していた。特徴は三つ――やわらかくて軽い手すき紙、おびただしいかずの漢字、そして木版印刷。すなわち、漢字で書かれたテキストをやわらかで軽い植物性の紙に木版で刷り、それを数十枚かさねて細い糸でかがったもの。単純化していえば、それが中国大陸で生まれ、そこから各地にひろまった東アジアの伝統的な本のかたちだった。

このような本のかたちが成立したのが十世紀前半。しかし、それ以前、つまり本が木版印刷ではなく筆写によってつくられていた時代から、東アジアには、中国から朝鮮半島へ、さらにそこから日本列島へとのびる本の交易路が存在していた。そしてもう一つ、中国・日本間の直通海路をもあわせて、この中国から東へむかう交易路のことを、中国浙江大学の王勇教授は、西にむかう「シルクロード」と対照させて「ブックロード」の名で呼んでいる。

このブックロードをとおって、儒教や仏教の経典から知識人読者むけの詩文集や大衆的な娯楽読み物にいたるまで、多種多様な本が東方の国々にもたらされ、ときには逆流して中国に流れ込んだ。その量たるや、九世紀中国の大詩人・白居易が、じぶんの作品集『白氏文集』がもっとも多く流通している土地として、中国の長安や洛陽とならんで新羅と日本をあげているほどだったという。

だが、この魅力的な本のかたちは、十九世紀以降、東アジア諸国が次つぎにヨーロッパ中心の世界構造にひきずりこまれていった結果、急速にそのすがたを消してしまった。軽くてやわらかい紙はヨーロッパ式の製紙技術でつくられた重くて厚い紙に、木版印刷はグーテンベルク革命にはじまる活版印刷にとってかわられた。

では漢字は？

歴史的経緯を省略して現在のこととしていえば、いま東アジア諸地域の人びとは、それぞれに別の文字システムをつかって暮している。台湾は伝統的な漢字字形（繁体字・正体字）を保守しつづけているが、中国はそれを簡略化した簡体字。日本はやはり簡略化した漢字と二種類の表音文字ひらがな、カタカナとの混用。ただし、その漢字簡略化の方法は中国とはまったくことなる。そして韓国は漢字を捨てて固有の表音文字ハングルにしぼろうとしている。こうした変化の結果として、この本も、四つの国で四とおり（英語をふくめれば五とおり）のしかたで印刷され、刊行されることになった。

伝統的な紙や印刷技術の力がおとろえ、さらに漢字もとなれば、「やわらかで軽い紙に漢字で書かれたテキストを木版で刷ったもの」としての本を国境をこえて共有するブックロードの伝統は、すでに東アジア諸地域の人間からは、ほぼ完全に失われてしまったというほかない。

しかし、現実はたしかにそうであるにせよ、かつて私たちが軽くて薄い本の文化を共有していたという記憶までもが完全に消え失せてしまったわけではないだろう。その記憶をよびさまし、相互につきあわせ、そこからなにがひきつげるかを共同で検討することは可能だろうか。もし可能なら、いや、かりにその不可能性を確認しあうだけのことに終ったとしても、その努力は、これからの私たちの関係にとってよいことであるにちがいない。それを私たちの新しい本でやってみようと考えたのだ。

3

だがそれにしても、私たちはお互いの現状についてあまりにもなにも知らなさすぎる。過去の記憶をつきあわせるだけでなく、そのまえに、お互いの現在にたいする無知無関心状態をできるだけ解消しておく必要があるのではないか。その焦燥感に似た気分が私たちを第二のジャーナリスティックな接近法へと向かわせる。

おなじ「出版」という語をつかっても、私たちがその語によって意味するもの——出版社や印刷会社や流通機構、著者や読者や編集者やデザイナーや印刷製本の技術者が織りなす関係のしくみは、それぞれの地域で、ほとんど互いの類推をゆるさないほどにちがっている。欧米をはじめとする世界のほかの地域ともおなじことなのだが、東アジア圏では、お互いをへだてる距離がちいさいだけに、そのちがいのもつ意味が逆に大きく感じられてしまうのである。

ちがいは出版機構にとどまらない。

二〇〇二年、中国では一〇万六九三点、韓国では三万四五四九点、台湾では三万四五三三点、日本では七万四二五六点の本が出版された。

でもこの数字は、現在、出版産業がそれぞれの社会にはたしている役割の大きさを正確に反映しているわけではない。お互いのあいだの往来がかさなるにつれて、それぞれの国で本というメディアがもつ重要性にも、当初、私たちが予想もしていなかったほどに大きな差が存在することがわかってきた。その差は日本とほかの三ヵ国のあいだでとくに顕著である。いま日本の出版人はかつて一度も経験したことのないような苦境に立たされている。本が売れない。それとともに本がもつ人をうごかす力も急速におとろえてきたように思える。ところが中国も韓国も台湾も、ほかの地域の出版人たちは意気軒高、たいへん元気なのだ。人びとの本への信頼もまだ失われていない。すくなくとも日本の出版人である私の目にはそう映る。

一九八〇年代から九〇年代にかけて、中国や韓国や台湾は、それぞれに激しい政治的・経済的な変動を経験した。かれらの元気も、そのことと深くかかわっているにちがいない。

中国についていえば、八〇年代をつうじて、それまで国家が独占していた流通機構が「改革開放」政策によって徐々に民間にうつされ、一九九六年、ついに国家新聞出版署が書籍流通の自由化に踏み切るにいたった。

台湾で戒厳令が解除されたのが一九八七年。おなじ年、韓国でも全国規模の民主化運動をうけいれるかたちで政府が民主化宣言を発し、出版もようやくその自由をとりもどす。そして一九九九年、台湾で戒厳令解除以後もつづいていた出版令が廃止され、出版報道が完全に自由化された。

ようするに日本をのぞく東アジア諸国は、この間、ひとしくこのような「自由化」「民主化」の激動を経験していたのである。これで出版人が元気にならないわけがない。それは読者の側だっておなじことだろう。

とはいうものの問題はけっして単純ではない。

出版産業の「自由化」は、ともすれば「売れるものだけが正しい」という市場中心主義に直結してゆく。八〇年代から九〇年代にかけて、日本の出版産業が経験してきたのがまさしくそのことだった。そしてこのこと——すなわち圧倒的な大量消費文明に伝統的な本の文化がどう対応するかということは、現在、日本にかぎらず、東アジアの出版界全体にとっても避けてとおることのできない大きな問題になりつつある。その意味で、「日本の出版界が提供できるのは成功とともに衰退の経験でしょう。他の国が、ここから学べることは少なくないはずです」

と編集委員のひとり、みすず書房の前社長・加藤敬事氏がいうのも、たんなるアイロニカルな誇張ではないのだ。

できあがった本を見ていただければわかるように、今回の試みでは、この二つのやり方のうち、第一の文化史的接近法よりも第二のジャーナリスティックな接近法のほうに重点がおかれる結果になった。研究者よりも現場の出版人のなまの声をあつめる雑誌的な編集になったのもそのせいである。いまもはげしくうごきつつある東アジアの出版状況からすれば、これは当然の選択といっていい。

しかし、だからといって私たちは古いブックロードへの関心を捨ててしまったわけではない。じじつ、この本でも日韓中、三人の傑出したブックデザイナー（杉浦康平、アン・サンス、呂敬人）による「アジアの文字と本のかたち」をめぐる討論など、今後、私たちが共に考えてゆくべき刺激的な問いがいくつも提出されている。マンガをはじめとする大衆文化やインターネット出版への言及がすくないということも、じゅうぶんに承知しているつもりだ。機会があれば、つぎにはぜひこれらの主題にも正面からとりくんでみたい。

4

最後に、本書の構成と出版にいたる道筋について、かんたんに説明しておこう。

この出版計画は、二〇〇三年春、日本の「本とコンピュータ」編集室の呼びかけによって開始された。同編集室は株式会社大日本印刷の支援をうけて一九九七年に東京で発足し、伝統的な紙の書物の出版人や編集者、まだ出現したばかりの電子出版の関係者、印刷技術者たちの対話と相互教育の場として、雑誌『季刊・本とコンピュータ』、出版電子化にかかわる本やパンフレット、そして、後発のバークレー編集部を中心とする英文ウェブマガジン『The Book & The Computer』などを刊行している。あわせて、展覧会「アジアの時空」（二〇〇〇年）、シンポジウム「東アジア出版人会議」（二〇〇二年）など、東アジアの出版にかかわるいくつかの催しを主催してきた。

こうした活動をつうじて知りあった東アジア各国の出版人諸氏との対話のなかから本書の計画が生まれたことは、すでに述べたとおりである。編集委員のうちの三氏（韓国のハン・キホ、台湾のレックス・ハウ、中国の劉蘇里）は、それぞれの国で出版再生をめざす若い世代の信頼をあつめている気鋭の出版人。そこに日本の加藤敬事がいわば長老格としてくわわり、主としてオンラインによる編集委員会が形成された。これに並行して各国の出版社との交渉がすすめられ、その結果、二〇〇四年春の刊行をめざして、北京の河北教育出版社、ソウルの韓国出版マーケッティング研究所、台北の大塊文化出版という意欲的な出版社が、各国語版の印刷と発行をひきうけることに決まった。日本語版の発行には『季刊・本とコンピュータ』の版元である東京のトランスアートが当たる。英語版刊行は同年秋を予定、出版社は目下交渉中——。

このオンライン編集委員会と「本とコンピュータ」編集室が協力して、まず全体を大きく三つの部分に分ける方針をたてた。いま読んでいただいている私の文章と二人の編集委員の電子メール対話からなるイントロダクションが第一部である。第二部では、各国の編集者たちがかれらの信頼するデザイナーとともに作成した十六ページのパンフレットを中心に、それぞれの国の現在の出版状況がさまざまな角度から報告されるだろう。そして最後が国境をこえた対話。この第三部は、前記三人のブックデザイナーによる討論、各国を代表する四人の知識人のエッセイ、東アジアのそとにひろがる世界の出版人や研究者からのメッセージ、べつの二人の編集委員の電子メール対話などによって構成されることになる。

二十世紀後半の五十年間、東アジア諸国の出版界はそれぞれに閉ざされた環境に身をおいてきた。その点では日本も例外ではない。この閉鎖性と、そこに発するお互いの無知無関心状態を、政治的、経済的、さらには軍事的な圧力によってではなくのりこえるには、どうすればいいのか。私たちの共同出版は、その可能性をさぐる一つの実験でもある。

ただし、私たちの試みは東アジアを世界のほかの地域から切りはなし、ヨーロッパ中心の本の伝統にみずからの独自性を対立的に提示することをめざすものではない。私たちはすでに百五十年以上にわたって、ヨーロッパ起源の本（テキストを活版印刷した硬くて重い紙をきつく綴じたもの）がかちえた普遍性によって考え、知識を蓄積し、想像力をきたえ、見知らぬ人びととの時空をこえた対話をおこなうことに慣れてきた。その意味で、私たちもまたグーテンベルクの発明がつくりあげた近代的な本の世界の内側に生きている。いまさらその外側にいるふりをすることはできない。

そして、さらにいうならば、いま私たちは、その近代的な本の世界がデジタル革命や大量消費文明によって大きく揺らぎはじめた現実を、欧米をふくむ世界のほかの地域の人びととともに経験している。この「本の危機」をこえて、過去と未来のあいだに、断絶ではなく、ゆたかな連続性をつくりだすにはどうすればいいのか。これは私たちだけではなく、世界のあらゆる地域の出版人、本を愛するすべての人びとにひとしくさしだされた問いなのである。

東アジア地域に新しいブックロードをつくろう。

そう本書は呼びかける。

一つの強力な中心にささえられていた古いブックロードとちがって、新しいブックロードの構造的特徴は複数の中心をもつ多層性にある。その構造を地域内部だけでなく、今後、いやおうなしに再編成されるであろう地球規模の本の世界にまでひろげて、あらためてそこに古代から近代にいたる東アジアにおける本の記憶や経験を置きなおしてみたい。いや、東アジアにかぎらない。危機はチャンスである。いま私たちが直面する「本の危機」をきっかけに、地球上のさまざまな土地での古い本、新しい本の記憶がよみがえり、かさなりあい、やがては合流し、そこから私たちすべてに共有可能な新しい本のかたちがつくられる。そうなったらどんなにいいだろう、と私たちは考えている。

自動翻訳とデータベース——私の週間日記　2005

1月11日

ソウルのパク・ジヒョン（朴祉炫）さんから年賀メール。「きのう研究所のウェブサイトができました。http//www.kpm21.co.jp。韓国語ですので読めないでしょうが、とにかくおしらせします」と。

もちろん読めません。で、ふと思いついてexciteの翻訳サービスにはいり、韓国語の自動翻訳をためしてみた。失敗。私のMacはExplorerと相性がよくない。ブラウザーをSafariにかえると、韓国語のウェブサイトがたちまち日本語にかわった。おいおい、読めるじゃないの！

「韓国出版マーケッティング研究所のホームページをオプンしました。／國内外出版情報はもちろん各種書評とコラムなどを扱って利用者皆さんに有益な情報を提供するように努力します。／これから多い利用お願いいたします。／ありがとうございます」

すこしヘンな個所もあるけど、英日翻訳とは段ちがいの精度だ。リンク先もすべて自動的に翻訳される。「へへ、ちゃんと読めましたよ」とパクさんに返信。

出版マーケッティング研究所というのは、いまの韓国社会の中堅ともいうべき「386世代」の評論家ハン・キホ（韓淇皓）さんが主宰する出版社の名で、『企画会議』という半月刊誌のほか、おもに書物と出版にかかわる本を刊行している。高名なアメリカの出版人、アンドレ・シフレンの『理想なき出版』（邦訳は柏書房）の韓国語版（とてもうつくしい）の出版元もここ。私の時評集『本が揺れた！』も、かれらが韓国語版をだしてくれた。

パクさんはこの研究所のスタッフで日本語がよくできる。私の本の翻訳者でもある。昨秋、ソウルでひらかれた出版電子化にかんする国際シンポジウムで、シフレン氏たちと話をしたときも、たいへんお世話になった。

エキサイトの翻訳サービスに、英語のほかに韓国語と中国語がふくまれていることは以前から知っていた。でも、どうせ英日翻訳レベルだろうと勝手に判断して、いちども利用したことがなかった。ところが、そうではなかったのですね。韓国語と日本語は、どちらもおなじ「主語→目的語→述語」構文。しかも、ひらがなやハングルの裏側で、おびただしい漢字語を共有している（韓国のほうがはるかに多いらしい）。おそらくはそのせいで、これほど完成度の高い自動翻訳がいち早く可能になったのだろう。おなじ構文でそだったモンゴル出身のお相撲さんが、みじかい時間でみごとな日本語能力を身につけてしまうみたいなものか。

1月12日

来月なかばに開催される台北ブックフェアの講演レジュメをアラン・グリースンにメール。東アジア各地の出版ネットワークを構想するとして（それが私にあたえられた主題である）、日本、韓国、中国、台湾などの、どこか一国が中心になるというしくみはもう通用しない。中心のない、もしくは中心がいたるところにある構造。その点では杉浦康平さんたち、アジアのブックデザイナー諸氏の関係のつくり方がお手本になるだろう、という趣旨のもの。

アランが英訳して台北の事務局に送ってくれるはず。

「本とコンピュータ」編集室は、一九八八年以来、バークレイ在住の室謙二を中心に「The Book & The Computer」という英文ウェブサイトを運営してきた。アラン・グリースンはバークレイ編集部の翻訳担当スタッフで、ノンプロ級のジャズ・ベーシスト。ここ数年は日本に住んで市ヶ谷編集室でしごとをしている。

インターネットの特性はいろいろある。いまここで書いたことをほかの国の人びとが即座に読む、読むことができるという国際性も、その重要なひとつ。

じじつ、われわれも英文ウェブサイトをつづけてきたおかげで、欧米のみならず、アジアやアフリカや中南米の出版関係者と、短期間で、親密な関係をつくりあげることができた。未知の作家や研究者や出版人に本誌の原稿を依頼するばあいでも、もしわれわれについて知りたければ「The Book & The Computer」にアクセスしてください、とメールに付記しておけば、こちらの考え方や行動スタイルをすぐに理解してもらえる。そこで気が合えば、なにも「特別寄稿」などと気ばらずとも、おたがいの共感にもとづく同格の関係をむすぶことができる。

ただし、そのためには、いまのところ、ほかの国の人びとがなんの抵抗もなく読める高水準の英文という媒体が必要になる。これは容易なことではない。

しかも、そこまで努力しても、私たちにもっとも近い東アジアの人たちは、私たち同様に英語が得意ではないから、なかなか読んでくれない。ただの事務処理のメールでもおなじ。昨年、中国や韓国や台湾の出版人諸氏と、中国語とハングルと日本語という三つの言語で『東アジアに新しい「本の道」をつくる』という本を共同出版したときは、やむなく中国と韓国からの留学生に、週になんどか市ヶ谷の編集室につめてもらった。

ことなった言語をつかって生きる人間が、英語の力（けっして万能ではない）を借りずに、直接、おたがいの考えをつたえあう手がないものだろうか。中国語の自動翻訳もためしてみよう。

1月13日

午後、鶴川（和光大学）に行く。図書館でSさんと打ち合わせ。海外の学術雑誌掲載論文の無料コピー・サービスの範囲をどこまでひろげるか。あわせて、Googleと米英の五つの大図書館による所蔵資料の電子テキスト化計画などについて話す。

今期最後の「キャバレー文化論」の授業を終えて、松枝（到）研究室で焼酎のお湯割りを少々。ひとになにかを教えられるのが大きらいな松枝さんに、「exciteの韓国語ウェブ翻訳はすごいぞ」と、むりやり教える。その場で実際にやってみて、松枝さん、あんがい素直におどろいていた。いあわせた韓国人留学生も、日本語サイトを逆に韓国語に翻訳させて、「これすごいですよ」と感嘆しきり。松枝さんに、『春香伝』など、イム・グォンテク監督の映画DVDを三本（三枚？）借りる。

一年半まえ、おもいがけず大学図書館の館長に選出された。Sさんとは事務長の沢里冬子さん。この人がいなければ、事務能力がゼロにひとしい私などにつとまるしごとではない。

科学技術系にかぎらず、海外の学術雑誌の購読料が急騰している。それでなくとも小さな大学の小さな図書館の予算は乏しい。やむなく購読雑誌や紀要類のかずを減らす。かわりに、ほかの大学図書館などと協力して、必要な論文のコピーをすぐとりよせられるようにする。そのサービス料金を、ようすを見ながら、専任教員、非常勤教員、学生、臨時の講師などへと、段階的に無料にしていけないか、と沢里さんはいう。

購読料の高騰とともに、学術雑誌の電子化も急テンポですすんでいる。新しい号だけでなく既刊分も同時に電子化し、インターネット上の関連資料にリンクを張った上で、検索機能を充実させる。となれば、これはもう紙資料のたんなる電子化ではない。印刷物としての雑誌からオンライン・データベースとしての雑誌へのメディア変換だろう。

データベース化された雑誌は本なのか、もう本ではないのか。本であると頑固に考えつづけたほうがいいのか、それとも、本と考えることをやめてしまったほうが新しい未来がひらけるのか。

本も図書館も大きな岐路に立たされている。しかも、その結論がどうなろうと、図書館がそれらの資料を収集し所蔵しつづけなければならないという事情は変わらない。ベルテルスマンなどの専門出版社が発行する学術データベース雑誌の利用料はきわめて高額だから、図書館側の負担はいっそう増大する。

しかし論文のデータベース化は不可避。また、それはいいことでもある。とすれば、企業利益主導のものだけではなく、複数の選択肢（公共の資金によるもの、自発的な共同作業によるものなど）がどうしても必要になるだろう。現に、そうした動きもないわけではないらしい。


インターネットの特性のひとつとしての国際性は、日本では、かならずしも十分に利用されてこなかった。そのため、せっかくのインターネット空間も内にこもりがち。その最大の理由が言語の壁にあるなら、自動翻訳は、これからのインターネット技術のかなめになってゆくかもしれない。

ことなった言語同士が英語による仲介ぬきで直接につながる。韓日・日韓翻訳の現状から判断すれば、すくなくとも東アジア圏では、これはたんなる「夢ものがたり」ではないといってもよさそう。

では「外国の人びとが自動翻訳して読む」ことを前提に、もし、じぶんのサイトを実際に設計するとして——。

たとえば、タイトルやリンク・ボタン用の文字は画像化されるのがふつう。しかるに画像化された文字は自動翻訳の対象にならない。だから読めない。こまる。とすれば、いずれは自動翻訳可能なテキスト・データを中心に、最低限、画像化した文字には英語などの他言語を付記する、といった新しい慣習が生まれてくるかもしれない。

そのほか、絵や写真や図表や絵文字といった図像の力を積極的に利用するとか、多言語に正確に自動翻訳されやすい文章を工夫するとか、いろいろやってみて、韓国、台湾、中国などの出版社と相互翻訳を前提にした自国語サイトをつくりあってみたら——。おもしろそうだ。台北でそう提案してみようかしらん。

1月14日

アマゾン・コムに注文しておいた本がとどく。クリストファー・リード『上海のグーテンベルク……中国の出版資本主義　一八七六―一九三七』（ハワイ大学出版部、二〇〇四年）。おやおや、この本、すでに手元にあるぞ。刊行前の予告を見て注文したのを忘れて、刊行後、また注文してしまったらしい。こういうバカを、もう何度かやったなあ。

本誌創刊からの八年間で、「本とコンピュータ」というテーマ領域で私個人に生じた最大の変化は、データベース概念とその力を身にしみて理解できるようになったことだった。

きっかけはオンライン書店と図書館のオンライン目録……。

電子化した書誌情報（目録）をインターネットで検索して、その場で買ったり借りたりの手つづきをすませる。このことをじっさいに体験するまで、日本の出版人は、自社の目録を電子化し、データベース化しておくことの必要性を、さしてつよくは感じていなかったように思う。私自身についていっても、「データベース？　ふん」という気分のほうがずっとつよかった。

ところがその気分が、ほんの数年間で、ひっくりかえってしまった。

私たちの社会には本と読者とをつなぐ二つの場がある。書店と図書館。書店は本を商品として、図書館は同じものを文化資産としてあつかう。したがって前者は有料、後者は無料。その二つの場が、オンライン目録の採用によって一変した。それは人間と本のつきあい方が大きく変わったことを意味する。書店や図書館の棚のあいだを気ままにぶらつくたのしみを捨てたわけではない。そこにもうひとつ、データベース空間としての書店や図書館をたのしみ、つかいこなす新しい習慣がくわわってきたのだ。

ただ、その新しい習慣がまだ身についていないのと、もうひとつ、私はたいへんなせっかちだから、しばしば、すでに買った本をもういちど買ってしまうようなバカな失敗をやらかす。

東アジア各地で千五百年ちかく共有されていた中国起源の本のかたち（日本でいう和本）が、十九世紀後半、ヨーロッパから渡来した近代的な製紙・印刷・製本技術によって、またたくまに崩れてゆく。その各国ごとの過程に関心があったので、アマゾン・コムの近刊予告で、中国における近代出版業の成立にかんする最新の研究書がでることを知って反射的に注文した。

そのまま半年ほどの時間がたち、こんどは同じ本を新刊書として知って、あわてて注文。おかげで同一の本が二冊、ほぼ同時に到着するはめになった。分厚い、重たい、いつ読めるともしれないガチガチの研究書が二冊！

1月15日

時間がとれず、のばしのばしにしていた中国語ウェブサイトの自動翻訳をためしてみる。日→中は、いまのところすべて簡体字になってしまうが、中→日は、繁体字と簡体字のどちらからでも翻訳できるようになっている。台北の遠流《ユアンリウ》出版にアクセス。やはり韓日ほどにはいかない。でも英日よりはまし。

昨年末、遠流出版の王榮文《ワンロンウエン》さんが『書天堂　Book Paradises』という本を送ってくれた。同社刊行の、世界の「美しい本《ビューティフルブック》」の図録集。そこにしるされていたＵＲＬで、まず同社のサイトにアクセスしてみた。

――あれあれ、日本の本がやけにおおいなあ。

冒頭に中国語版『半七捕物帳』の大宣伝。ざんねんながら、すべて画像化されていて読めない。戦前の日本の探偵小説をあつめた「日本偵探小説選」というシリーズが、全十一巻で刊行されている。ただし黒岩涙香が「黒岩の涙の香」に、小酒井不木が「小酒井はぼうっとしている」になっていたりするけれども。

ためしに「ベスト１００倶楽部」というセクションにはいる。宮崎駿のＤＶＤシリーズ。「世界級の日本のアニメーションの大家の宮崎駿、魅力はやはり非凡だ。高い言い伝えを持つだけではなくて、映画は更に往々にして切符売り場の記録を更新して、広大な映画ファンの好感を勝ち取る」といった調子。

「高い言い伝えを持つだけではなくて」とは？　ちょっとわかりにくい。そこで、もうひとつウインドウをひらき、もとの繁体字サイトを表示してみる。その部分の原文が「不僅擁有高度口碑」であることがわかる。ふうん。

中日翻訳が韓日翻訳よりも精度が低いのは、たぶん文法上のちがいが大きいせいだろう。そして英日翻訳より精度が高いのは共通する漢字語彙が多いせいだろう。いずれにせよ、原文サイトとあわせて利用すれば、かなり意味がつかみやすくなる。このかぎりで、「活字文化圏はもう存在しない」などとは、かならずしもいいきれないらしいや。

1月16日

朝七時まえに浦和の家をでて大学にゆく。寒い。センター入試二日目の交代要員。試験監督は若い先生方（若いといっても、私より若いというだけ）におまかせして、控室に坐っていればいい。

インターネットからコピーしてきたGoogleの書籍デジタル化計画（グーグル・プリント）の関連資料を読む。日本の新聞でもなんどか報じられた、Googleの支援によって、五つの大図書館の蔵書一千数百万点をいっきょにデジタル化する、という例の大プロジェクトについて。計画の詳細と、それにたいするアメリカ国内での反応など。

午後、先生がひとり急用があって帰り、かわって試験場にすわる。男ばかり。女の子は「男はくさい」といい、男の子は「女の香水が気になる」といい、けっきょく、ことしから全国的に男女の試験場をわけることにしたのだとか。ははは。

一部あまった『上海のグーテンベルク』を松枝さんに進呈。

昨年十二月、グーグル社が、ハーバード、スタンフォード、ミシガン、イギリスのオックスフォードの各大学図書館、それにニューヨーク公共図書館という五つの巨大図書館の蔵書を片っぱしからデジタル・スキャンして、そこから作成した電子テキストを世界中で利用できるようにする、という大計画を発表した。

図書館側には、以前から所蔵資料の電子化をめざしてきたにもかかわらず、それを可能にする資金と技術力がなく思うように計画がすすまなかったという事情があり、グーグル側には、アマゾン（すでにかなりのかずの本で全文検索が可能になっている）やヤフーとの競争に負けるわけにゆかないという事情があった。双方の事情や思惑が相まって、今回の発表になったらしい。

契約内容は個々の図書館ごとにちがう。スタンフォード大とミシガン大は、それぞれ八〇〇万点と七〇〇万点の蔵書のすべてを数年間でデジタル化する。ハーバード大とニューヨーク公共図書館は蔵書の一部（著作権が消滅したものなど）を、オックスフォード大は二〇〇〇年以前に刊行された本を、この計画のために提供するのだとか。詳細はぼかされているが、グーグルはすでに高速大量の新しいスキャン技術を開発ずみらしい。

じっさいにはこうなりますよ、という例が http://print.google.com にのっている。検索窓に「エクアドルのトレッキングについての本」とか「ロメオとジュリエット」と打ちこむと、関連書がリスト表示され、そこから、すでにデジタル化されている本の必要な箇所にとんでゆける。まだデジタル化されていないものは所蔵図書館名がリストアップされ、市場にある本ならオンライン書店から入手できるようになっている。

人類の知的資産を網羅的にデジタル化する。それを公共的な動機によって、長い時間をかけて徐々に達成してゆこうというのではなく、一企業の資金力と技術力を駆使して、まるごと一挙に実現してしまおうという計画だから、さまざまな意見がとびだす。「アメリカの記憶」のように、その種の巨大プロジェクトは政府が責任をもってやるべきだとか、「プロジェクト・グーテンベルク」型、日本でいえば「青空文庫」型の、ボランティアの運動としての電子公共図書館計画をつぶしてしまうことにならないかとか。

私にも意見はある。最初のうちは大ぶろしきをひろげ、形勢不利と見るや、たちまち、すべてをなかったことにして撤退してしまうというのが、ＩＴ企業のいつものやり方なのだから。

しかし、私の意見がどうあろうと、そしてまた、ＩＴ企業のやり方にたいする私の不信感がどれほどつよかろうとも、この計画をきっかけに、図書館電子化が目録データベースの時代をへて、本そのもののデータベース化の時代に一歩か二歩、実質的に踏みいってゆくだろうことだけはまちがいない。これまで学術雑誌に限定されていた印刷物データーベース化の大波が、すべての本の領域にまでおよびはじめている。そこで私がかんがえるのは、たとえば以下のようなことだ。

昨年、ソウル郊外のパジュに建設中の「出版都市」をたずねて、この計画の推進者である「悦話堂《ヨルワダン》」社主、イ・ギウン（李起雄）さんの夢を、ウィリアム・モリスのデザイン思想と、もうひとつ、かれの敬愛するハン・マンニョン（韓萬年）という韓国出版界の先達のしごとが後押ししていたらしいことを知った。

そのハン・マンニョン氏にかかわる資料を読んでみたい。でも読めない。ハングルで書かれているから。しかし、もし仮にそれらの資料がすべてデジタル化され、オンラインのテキスト・データベースとして公開されていれば、自動翻訳技術の力を借りて、かれの考えや活動のおおよそぐらいはつかむことができるだろう。こうした行為を読書と呼ぶか呼ばないか。そんな問い自体が無効になる時代がはじまりつつある。

1月17日

『季刊・本とコンピュータ』の原稿を、この一週間の日記とその注釈という形式で書くことを思いつく。

データベースと自動翻訳のむすびつき。

そういえば西垣通さんたちの「L／P（言語／権力）フォーラム」はどうなったろう。英語専制グローバリズムに対抗して、自動翻訳ソフトによって国際的なウェブ雑誌をつくるという先駆的なこころみだった。
四年ぶりに、http/lp.ia.dendai.ac.jp にアクセス。つながらない。ざんねん、もう閉じてしまったのか。

「L／P（言語／権力）フォーラム」のことは、数年まえに読んだ西垣通、ジョナサン・ルイス共著の『インターネットで日本語はどうなるか』（岩波書店）という本で知った。当時、朝日新聞に書いた書評の一部を引用する。
「インターネットは英語が絶対権力をもって支配する世界である。これからはもっとそうなるにちがいない。
こうした単純化された前提に立てば、インターネットは第二の黒船ということになり、わが国論は例によって開国派と攘夷派にたちまち二分される。（略）でも、この対立はニセの対立だと著者たちはいう。頭を冷やして考えれば、英語による専制とは逆に、インターネット世界では多言語共存に向けての環境整備が着々とすすめられているのがわかるはずなのに。（略）
本書で知ったのだが、ふたりの共著者は、インターネット上で「L／P（言語／権力）フォーラム」（http/lp.ia.dendai.ac.jp）という、日本語、英語、韓国語、中国語、インドネシア語による討論サイトを運営している。

現代思想好きの大学院生でもなければ、ちょっと敬遠したくなるようなサイト名だが、ぜひ接続してみるといい。さまざまな参加者の発言を、あえて、いまはまだ喜劇的なまでに未熟な翻訳ソフトをつかって多言語表示してしまう。その思い切りのよさとトボトボ感の組み合わせがいい。頭だけでなく、からだのほうもしっかり動く人たちらしい」

英語の媒介力には、いっさい、たよらない。まだ未熟な自動翻訳の技術をつかって、インターネット上での多言語討論を敢行してしまう。むちゃなことをやるなあ。と呆れながらも、その気迫に私は感心させられたのだが、もしアジア圏にかぎるなら、この意図は、いまであればモンゴル語などもふくめて、より実質的なしかたで実現することができるにちがいない。

あるいは共同の場を設定する必要すらないかも。さきにもちょっと書いたように、正確な相互翻訳がなされやすいように工夫されたサイトを、それぞれに準備すればいいのだから。

＊

以上、この一週間、私の周辺に生じた「本とコンピュータ」領域でのできごとについてしるした。自動翻訳とデータベースの話題が多いのは、この期間、私の関心がそのあたりに向いていたからにすぎない。

それが出版ビジネスとどういう関係があるのさ、といわれるかもしれない。しかし、いずれにせよ、私のような「むかし好き」で「いま嫌い」の老人をもふくめて、私たちがこうした空間に現に生きはじめているのは、もはや否定しようのない現実なのだ。拒むにせよ、よりそうにせよ、これからの出版ビジネスはこうした空間を前提にしてしか存続しえないだろう。

では紙の本の出版はこれからどうなるのか。

私の予測は「とうぜん小規模になるでしょうね」だが、この予測が当たるかどうかは保証のかぎりではない。

というよりも、じつは、あまり関心がない。はじまったばかりのデジタル技術についても同様。いくら予測してもむだ、ということは、この八年間でいやというほど思い知らされた。かといって、とくにニヒルになる必要もない。これまでどおり、そこで生きるしかたを、そのつど、じぶんで考えてゆくだけのこと。

『季刊・本とコンピュータ』終刊の辞　2005

四年間のつもりではじめた『季刊・本とコンピュータ』のいのちが、おもいがけず二期八年間にのび、それでも、けっきょくは終刊の時をむかえることとなった。終刊にあたり、まずは、これまで私たちのわがままな活動を寛大に支えてきてくださった大日本印刷の方々に、こころからの感謝の意を表します。

本誌の創刊は一九九七年七月。編集長は津野海太郎で、筑摩書房の松田哲夫とボイジャーの萩野正昭が副編集長、平野甲賀がアートディレクターとして参加した。

このころの私（ある部分は私たち）の考えを短くまとめればこうなる。

——本という伝統的な文化が新しいコンピュータ技術と出会い、結果として、人類史上ではじめて、一定量のテキストがなんらかのインクによる定着以外のしかたで読み書きできるようになった。とすれば、この先、本や出版の電子化は不可避だろう。ただし、この判断は「本が負けてコンピュータが勝つ」ということを即座には意味しない。

これをさらに要約すれば、本や出版の連続的な歴史を電子化によって切断すると同時に、そこに新しい連続性をつくりだすべくつとめる、ということになる。したがって、こうした考え方（いわば折衷的な）は、とうぜん、ふたつの側からの批判（いわば原理主義的な）を同時にうけることになるにちがいない、とも私は考えた。

一方にいたのは私の同僚ともいうべき出版人や編集者や図書館人である。そのころはまだ、コンピュータなどに手をふれるとじぶんの書物愛がけがれる、と嘆く人びとがいくらもいた。うかつに「電子化は不可避」などと口走ろうものなら、本の文化の裏切り者として石をぶつけられかねない。

そして他方にいたのが、九〇年代にはいって急増したデジタル業界人や文化人である。この人びとのおおくが、本の文化による専制はおわった、これからはデジタルの時代だと声高に主張していた。つまりは「本が負けてコンピュータが勝つ」派の人たち。かれらが私たちの雑誌に好意をもってくれるなどとは、とうていおもえない。

だが結果としていうならば、活字の側からもデジタルの側からも、こうした批判はまったくというほど出なかった。出るも出ないもない。そのまえに、くしくも『季刊・本とコンピュータ』創刊の九七年七月にはじまる「出版不況」の大津波が、すべてを押しながしてしまったのである。

これにはおどろいた。当初、私たちが予測していた「最悪のばあい」は、いま述べたことからもわかるように、やみくもに推進される技術革新によって本や出版の連続的な歴史が一方的に断ち切られてしまうことだった。だが現実の「最悪のばあい」は、それとはまったくべつのしかたで私たちをおそった。本が売れない。本を読む人のかずがどんどん減ってゆくかに見える。おいおい、こんなことがとつぜん生じるなんて、だれもいってなかったじゃないの。

かくして第一期の四年間は、このむとこのまざるとにかかわらず、主として出版不況の進行と、そのなかで本や出版の電子化が「即効的な不況対策のひとつ」というレベルにまで切りちぢめられてゆく過程を、できるだけ忠実に記録することについやされる結果になった。

それはそれで意味のあるしごとだったにちがいない。でも、それで終ってしまうのでは、せっかく新しい雑誌をだした甲斐がない。できれば、そこからあらためて出版電子化の積極的な面を発見しなおしたい。そのように考えたことが、二〇〇一年九月、『季刊・本とコンピュータ』第二期を開始する理由になった。

第二期は編集室の体制を組み替え、雑誌本体は創刊時からの編集部員だった仲俣暁生と河上進が、英文出版や英文ウェブサイトは室謙二が、オンデマンド出版による「リキエスタ」計画は龍沢武が、それぞれ中心となって担当し、それを津野が全体としてサポートするというしかたでつづけられた。さまざまな試みがあったが、ここでそのすべてをしるす余裕はない。私がおもにかかわった二つのことだけを書かせてもらう。

一つは「図書館改造計画」である。いま日本各地で公立図書館がぶつかっている困難を解決するには、「志」だけでは足りない。これからの図書館が社会にもつ意味を具体的に再定義しておく必要がある。そう考えてスタートさせた試みだった。

そしてもう一つが、『東アジアに新しい「本の道」をつくる』共同出版プロジェクトを、韓国、中国、台湾の出版人とともに推進したこと。中心がない、というよりも、いたるところに中心がある国際的な出版ネットワークの糸口を、一冊の本を共同編集し、それぞれの言語によって出版することで、かろうじてつかみえたような気がする。

マルチメディアCD-ROMにせよ、百科事典の電子化や電子ブックにせよ、当初、私たちが予想していたような直接的なかたちでの出版の電子化は、いまもまだお先まっくらなまま。

それにかわって、第二期の四年間で見えてきたのが、本と出版をとりまく環境の電子化だった。もちろんいまあげた二つの試みもそう。

図書館に新しい機能をもたせるには、ＯＰＡＣ（オンラインで利用できる目録データベース）の充実が不可欠である。私は、というよりも、ほとんどの日本人が、このＯＰＡＣやオンライン書店によって、データベースというしかけの重要性をはじめて認識したのではないだろうか。

東アジアの出版人が一冊の本を共同編集するなどという暴挙が、なぜ私たちの手で実現できたのか。いうまでもなくインターネットのおかげだ。この試みでは、インターネットがもつさまざまな特質のうちの国際的なコミュニケーションの道具としての面を、あますところなく利用しつくす結果になった。

「本」にとっても「コンピュータ」にとっても、たいへんな八年間だった。そのわりにさして大きな変化はなかったな、という気がしないでもないが、それでもやはり、「本とコンピュータ」という主題領域には、それなりの大きな変化がたしかに生じていたのである。それが納得できれば、「本とコンピュータ」編集部の活動も、そろそろ切断の時、おしまいの時である。できることなら、この切断が、近い将来、さまざまなしかたでの新しい連続性を生みだす契機になってくれるといい。

最後に、この八年間、「本とコンピュータ」編集室でしごとをしてくれた方々の名（文中にあげた人はのぞく）を順不同で列挙させていただく。竹中龍太、木下弥、田中直子、磯田隆親、山村理恵、松井貴子、半田浩、木村祐子、永井明子、奥田敏夫、バスケ、アラン・グリースン、ジム・バカーロ、二木麻里、四釜裕子の方々。いっしょにはたらけてよかった。まァ、いろいろありましたけどね。

本の原液——萩野正昭との対談　2005

津野　萩野さんたちは「コンピュータで本を読む道具」に徹したソフトウェアを、十年以上にわたって作りつづけてきた。そんなバカなことをやってきたのは、たぶん世界的に見ても日本のボイジャー社だけじゃないの？

萩野　そうかもしれない。（笑）

津野　ワープロとかエディターとかＤＴＰとか、テキスト生産用のソフトはいくらもあったけど、コンピュータを読む道具に変えるという発想はなかったでしょう。そこに突然、アメリカのボイジャーが「エキスパンドブック・ツールキット」（コンピュータの画面上で読む「エキスパンドブック」作成用ソフト）をだし、すぐに萩野さんたちが日本語版をだした。たしか一九九三年ですね。

萩野　最初はわれわれにも、ある理想のようなものがあったんですよ。それまでぼくがいた映画業界（東映教育映画部）では、機材も現像料も高いし、専門知識をもった人もたくさん必要だったし、おまけに上映の機会もことごとく制限されていた。出版業界も同じようなものでしたよ。そこにコンピュータというハードウェアがでてきた。よし、こいつを使って出版に特化した道具としてのソフトウェアをつくろうと考えたわけですね。もう一つ、早晩、でてくるだろうと予測していたのがデジタル流通網です。この三つ、コンピュータとソフトウェアと流通網を手に入れれば、それまでの制約を一挙にクリアできるんじゃないか。

で、それからの十二年間で、コンピュータも流通網としてのインターネットも社会に定着したし、ソフトウェアも増えた。この三つはたしかに完全に定着したと思います。

津野　でも、その定着の仕方と萩野さんたちの初発の理想との間には、いくばくかのズレが生じてしまった。

萩野　そう。そのズレの内実について考えることが、今日のいちばんのテーマということになりますね。

そのまえにＤＴＰについて話すと、ぼくや米ボイジャーのボブ・スタインが、コンピュータのスクリーン上で本をつくり、読むための道具としての「エキスパンドブック」に取り組みはじめる以前に、すでにDTP、いわゆるデスクトップパブリッシングがあった。一九八四年に、アップルが、マッキントッシュというマシン自体を道具にしてDTPソフトを開発した。あれは紙への印刷を前提にした技術です。なにしろ当時のマッキントッシュのモニターは九インチしかなくて、オンスクリーンで読むのはきわめて困難だったから。その九インチのモニターがやがて一三インチ（六四〇×四八〇ピクセル）になり、いまでは一〇二四×七六八が標準になっている。そのぶん、オンスクリーンでものを読むこと自体の違和感は、多少、薄れてきてはいるでしょうね。

ただ、紙に出力して読むこととオンスクリーンで読むことには、じつは最初に考えていた以上に本質的な違いがある。そのことにぼくらは気づかなかったんです。そのために、固定された「版面」に文章をレイアウトしておさめるというDTP式の考え方をくつがえすことが、どうしてもできなかった。

津野　それは「エキスパンドブック・ツールキット」日本語版を開発していた段階ですね。ぼくも平野甲賀とボイジャーの事務所に呼ばれて、版面や余白の大きさをどうするかとか、いっしょに議論したおぼえがある。

萩野　あの段階では、六四〇×四八〇ピクセルに固定した一三インチ画面のなかで文字の大きさなどをどうするか、ということを考えた。なんとか紙の本に近づけたくて、文字を一六ポイントに統一して、上下の余白をどうするかといったことを相談したんでしたね。

でも、どうやってもできないんですよ。一つの要素が変われば、当然、表示もずれる。結局、流動的な表示法、つまり、はみだしたものはそのままフローさせよう、という考え方になった。きっかけはインターネットのブラウザーです。あれはリフローという考え方でできている。最初にブラウザーがでてきたときは、なんともふつつかな感じがしたけれど、世界中で共通に表示できるという魅力のほうがはるかに大きかった。おかげではじめて、われわれも「版面はフレキシブルでいいんだ」という考え方に立てたんです。それまでは、じつは、いけないことをやってるような気がしてたんですよ。(笑)

紙の本にかかわる人々の発想でいけば、かならず、このページにおいた写真がなぜ次の画面にずれてしまうのか、という不満がでます。「いや、コンピュータではそれはできない」とギブアップしたとき、はじめて「これでいい」と自信をもって居なおることができた。そこが転機になったと思います。コミュニケーションのための道具という本来の目的が、「本として見ばえがいい」といった観点で押しつぶされていた。そこから解放された感じがありましたね。

津野 その感じはよくわかるけど、読む側としては、初期のブラウザー(インターネット以前、読書専用の小型フリーソフトをブラウザーと呼んでいた)のように、版面もなにも考えないで、ただ文字を詰め込めるだけ詰め込んだものでは読む気が起らない、という思いがあったんですよ。そして「エキスパンドブック」も、その思いを読者と共有していたわけね。

　ところが、なにがなんでも紙の本と同じになろうという欲求にとらわれすぎると、かえって自由な発想が失われてしまう。そこから萩野さんは、コンピュータのスクリーンは紙とはちがう、文字が版面から溢れたっていいんだ、という考え方にたどりついた。でもそのことは、たんに初期のブラウザーの発想に戻ったということを意味しないでしょう？

萩野　そうですね、螺旋階段を上がったような感じかな。

最先端をめざさない

津野　ぼくは一時、「エキスパンドブック」をたんなる「読む道具」として使っていたことがあるけど、それだと、あれは重すぎるし、読むまでの手つづきが面倒すぎる。そのあと登場した「T-Time」になると、本を軽くつくる道具である以上に、読む道具としての面がおもてにでてきた。あれこれ複雑な準備をしなくても、どんなテキストも簡単に読めるかたちにしてくれる。あの変化は大きかったんじゃないですか。
萩野　一つには「エキスパンドブック」自体が行き詰まったんですよ。一九九五、九六年ごろ、日米で「エキスパンドブック」のグレードを上げるプロジェクトが進んでいたんだけど、ぼくら日本側は、じつはそのことにかなり違和感をもっていた。コンピュータのソフトウェアは一般的にどんどん高度化し、多機能化して、重くなる傾向がありますよね。「エキスパンドブック」もそうなろうとしていたんです。でも自分たちの力を考えると、そんな大規模な総合開発ができるとは思えない。しかも、それまで依拠していたハイパーカード（リンク可能なマルチメディアのカード・システム。アップルが無料配布していた）から脱出して、クイックタイムをベースに独自のエンジンを開発しようとした矢先に、アップルコンピュータの経営状況が非常に悪化して、クイックタイムのプロジェクト自体がガタガタになってしまった。それをベースにものをつくっていく見通しがたたなくなったんです。

じゃあどうすればいいのか。「行動する読書」ということをそこで考えました。その反対側には「所有するための本」が想定されて、「エキスパンドブック」もそちらをめざしはじめていたんですけど、ぼくらはそこには乗りたくなかった。本来、電子出版は、何かをするための読書を支援するのだから、よけいなものは捨ててしまっていい、もっと気軽に、自由に考えていいんじゃないかと。それが「T-Time」につながったんです。

津野　追い込まれた結果、大転換をとげたわけだ。

萩野　あれは壁にぶちあたって、落胆して、それでも生きていかなければならないというところからでてきた発想でしたね。計算しつくしてでてきたんじゃないんです。

コンピュータの世界には、プログラムをどんどんブラッシュアップさせていくことを重視する発想があります。だけどその一方には、つねに「待てよ、コンピュータを使って、いったいおれは何をしようとしていたのか」という思いをもつ人間がいる。この世界は専門化していて、多くの場合は、ある特化した領域で突き抜けた人間がビジネス的にも利を得ていく。ですが、たとえば映画の世界でもジョージ・ルーカスがつくる壮大なSFX大作がある一方で、イランの庶民生活を撮る映画もあるわけでしょう。ぼくらはそっちの側なんですね。「最先端の仕事ができていいですね」という人がよくいるけど、自分たちがぶっちぎれて新しいことをやっていると思ったことは一度もないんです。むしろイラン映画のほうがいい。(笑)

津野　実際にカネもなかっただろうしね。

萩野　なかったね。(笑)でも、そういうときはかえっていろんな工夫がうまれるし、流れを読む勘も生臭くはたらく。そうした要素が嚙み合ってくると、商売としても展望がひらける気がしないでもない。「エキスパンドブック」のときは、ぼくらもまだアドビのような大企業と同じ志向性でやっていた。つまり「エキスパンドブック・ツールキット」を四万五〇〇〇円という高い料金で販売し、それで本をつくった人からは使用料もとるというビジネスモデルです。でも「T-Time」は一〇〇〇円だからね。同じビジネスはできない。かといってユーザーが十倍、百倍に増えたかというと、そういう展開にもならなかった。それならというんで、

「T-Time」は新しいハードウェアのメーカーに対して売り込むことにしました。

津野　新しいハードウェアというのは、具体的には？

萩野　まずノートパソコンです。これなら本の機能をはたせると思った。けれどノート型もどんどんパワフルになって、デスクトップ・コンピュータと同じようになってしまう。すると今度は、これをさらに小さくしたモバイルパソコン（PDA）がでてきた。母船に対するキャッチャーボートみたいな感じですね。そこに「T-Time」を搭載していけばいいと思った。ただ、いま考えてみると、そうやってハードウェアに寄り添おうとしたことで、かなり足を掬われたんです。ハードがもろくも潰えると、そのためにつくったソフトも消えちゃうわけですから。

もともと小型のモバイルパソコンは読書端末としては中途半端なものなんです。そこで結局、ポケットPCもクリエも、みんな撤退するというような話が伝わってくる。だれだって、ノートパソコンをもって、携帯電話をもったら、もう手いっぱいでしょう。その上、PDAやiPodまでもって歩くなんてことは考えられない。それに、日本の場合、PDAには携帯電話機能をつけさせない空気があります。例外的にノキアはやっているけれど、でもおもてだっては絶対にそういわないいんだ。

「本」は、どの機種ででも読めなければおかしい

津野　日本の場合、小型の携帯端末はモバイルパソコンと携帯電話と、そのどっちがプラットフォームになるのかといわれていたけど、いまや完全に携帯がベースになってしまったと考えていいんですか。

萩野　たしかに携帯電話のいきおいは強いけど、ただ、結論を出すのはまだ早いと思います。最近、携帯電話をずいぶん研究したんですが、ひどい水準なんですよ。パソコンが改良を重ねてきたことの延長線上に携帯が生まれているのかと思ったら、まったくちがうんだ。インターフェースからしてきわめて後れた考え方で、いまだにブロックカーソルを使っているし、セキュリティー上のリスクを避けようとして、やれることの幅を極度に狭めているから使いにくい。それでも売れるから改善されてこなかったんです。

でも、さすがに携帯電話も飽和状態にたっしつつあるから、今後は細部にも目がむいていくと思います。ただ、大きい壁が一つある。この業界が独占体制だということです。通信を制御している会社がハードもつくっていて、すべてをコントロールしてしまう。企業を三社つくれば表面的には独占禁止法には抵触しないという考え方なんですが、それはないですよ。

津野　とはいえ、いまはボイジャーだって携帯電話を射程距離に入れて動いているわけでしょう？

萩野　かならずしもそうではないんです。たしかに電子出版にはハードウェアが必要ですけど、読者の立場から見れば、ハードウェアのためにものを供給していくという発想はおかしい。ハードウェアは短命ですから、それに沿っていたらすぐ使えなくなるし、使える間も特定のハードウェアに束縛されますからね。少なくとも紙の本はニュートラルでしょう。ところがその本が電子になると、とたんにそうでなくなる。この本を読むためにはソニーの製品を、あの本を読むためにはシャープや松下の製品を買うしかなくて、しかもそのハードだけで三万円も四万円もするなんて、そんなばかなことはない。どのハードでも読めるべきですよ。

それで、ぼくらはテクノロジーの先端とは逆をいくことにした。頂上を見るのではなくて底辺を見て、そこで文字を画像表示にするという手段に気づいたんです。つまり、ほとんどの液晶デバイスにはＪＰＥＧ形式の画像を表示する機能がある、だったら本の版面をＪＰＥＧにしちゃえばいい。

画像データにするとデータ量は増えるけれど、いまはメモリカードも容量が三二メガくらいありますからね。通勤時間に読むくらいの本なら、五メガとか六メガで間に合う。いくらなんでも、携帯電話に「世界文学全集」を入れる人はいないでしょうから。(笑)

もちろん、そうはいってもエレクトロニクス製品のメーカー仕様はさまざまで、デジタルカメラ一つとってもキヤノン、ニコンなどの写真系統の企業と、ソニー、松下などの電機会社とで論理がちがいます。ですから完全にあらゆる機種とはいかないけれど、ＪＰＥＧの画像を見る機能は、もっとも基本的な技術としてほぼ共通している。そのローテクの部分に合わせればいいという考えですね。

だからボイジャーとしては、携帯電話を射程に入れるというより、携帯電話をふくめてどの機器にも流し込めるような「原液」を供給すればいいと考えたんです。

津野　画像データを読書端末に直接ダウンロードするのではなくて、まずボイジャーが用意した「ドットブック」という形式のデータをパソコンで「原液」としてダウンロードする。それをＪＰＥＧ画像のファイルに変換したものをカードに読み込ませて、それで読むという仕方ですね。それぞれの機器に合わせてＪＰＥＧ化するというのは、だれでも簡単にできるんですか？

萩野　できます。パソコンはどうしても要りますがね。いずれにせよ、特定の読書端末に対応させる機能は、本来、おまけみたいなものだと思うんです。いまはおまけのハードウェア自体が高額な上に、そこにいれたデータが三ヵ月の契約期間終了と同時に消えちゃうとか、非常にはかない状態になっている。あるいは逆に、ハードウェアからデータを取り出せないという頑固な仕様も多いでしょう。だからこそ「原液」は重要だと思う。デジタル上でものを残していく可能性を左右しますからね。ちゃんとしたものをつくって、世界の共通ルールに基づいて百年でも残していけるかたちにしていく必要があるんです。

津野　一方には機器の短命さ、一方には機器の多様化という状況があって、じつはそのどちらもが技術を含めたビジネス上の競争からもたらされている。そこで萩野さんは、目先を追いかけるよりも根っこの部分をおさえようと考えたということですね。もちろんその「原液」は、電子機器だけでなく紙への印刷にも対応できると……。

萩野　そうです。ぼくらはハードウェアの商売をしているのではなく、書いたものを扱う商売をしているわけですからね。書いたものが技術的、ビジネス的な変化によって潰えていくのじゃ困るでしょう。変化に対応できることが大事なんです。

津野　四年前、この雑誌（「季刊・本とコンピュータ」）が第二期にはいったころ、「原液」ということばを萩野さんから初めてきいたとき、紙の文化に対抗して使いはじめた概念だと思ったんですよ。デジタル化された文字こそが本体で、紙に印刷されたものはそんなの仮のすがただよ、といわんばかりのいきおいだったからさ。（笑）

でもいまになってみると、萩野さんのいう「原液」は、紙の文化に対抗する一方で、じつは電子的な書物、とくにそのための技術がめまぐるしく変化してゆく、その暴力的な変化から本を守る仕組みでもあるということが、やっと見えてきたような気がするな。

たとえば聖書が羊皮紙に手で書かれ、それがやがて活字になりデジタルになる。そこで生きつづけているものは「原液」としての聖書であって、羊皮紙とか紙とかデジタルとかの「メディア」じゃないですよね。そう考えると、「原液」という発想は、萩野さんが十数年間やってきたことの一つの到達点なんだと思うんだけど。

萩野　子どもの頃、アメリカ人に原宿のワシントンハイツに連れていかれたことがあるんですよ。まだ進駐軍がいた頃で、借りてきた猫みたいになっていたら、黒いサイダーのようなものを出された。飲んだら、うまいともまずいともわからない味がしてさ。それがコカ・コーラですよ。あれは原液ビジネスですね。コカ・コーラそのものを輸入してくるんじゃなくて、日本の会社に原液を渡してつくらせたものをボトリングする。たぶん、その記憶があったんでしょうね。

ただし、「本の原液」という考えを直接もったのは、津野さんもおっしゃったように、二十一世紀の冒頭ぐらいじゃないかと思います。物事には何か本質的な部分があって、われわれが「コンテンツ」と呼んでいる部分こそがそれではないかと考えはじめた。そもそもは、ものを書くということ自体が「原液」を絞りだす行為なんでしょうね。いちばんしんどいし、苦しい。で、その「原液」をぼくらが流す。それをどう絶やさずに正確に流しつづけることができるか。

その責任はやはりあるだろうと思うんですよ。

情報は捨てても本は捨てるな　2007

こんにちの図書館には、一地域、一国、ひいては全世界の「記憶の収蔵庫」として、書物によって代表される諸資料を可能なかぎり保存しつづける、という任務が負わされている。

こうした図書館の保存理念は、遠く一五三八年、レオナルド・ダ・ヴィンチの最後のパトロンだったフランソワ一世が発した「フランスで執筆、集成、加筆、校正されたすべての本」は、そのうちの一部をかならず王立図書館に納めなくてはならない、という法令によってはじまった。その見返りとして、国家は印刷術の普及によって危機に瀕しかけている著作者の権利を法的に保証し、納入された書物を貴重な文化遺産として末ながく保存しつづけることを約束する、というのである。

同時にフランソワ一世はかれの図書館を「フランスの記憶の収蔵庫」と規定し、この規定と制度がヨーロッパ諸国にひろがって、いまにつづく「法定納本制度」のはじまりになった。「一国の出版物を網羅的に収集し、それを一国の記憶をつたえる文化遺産として保存しつづける」という近代図書館の理念的基盤は、この王立図書館の時代にきずかれたといっていい。

じつは、この図書館理念にかかわって、最近、日本の図書館システムの未来を左右しかねない二つの大きなできごとが生じた。グーグルによる全地球規模での図書館電子化計画（グーグル・プリント）がその一つ。そしてもう一つが東京都立図書館の再編計画である。

以下、これらのできごとが意味することがらについて、私なりの考えをのべてみようと思う。ただし私は専門の研究者ではないから、論文的な構成や文体で考えることに慣れていない。いちおう努力はしてみるが、結局は、おもいつき本意、即興と連想によって考える断章的・エッセイ的な文章にならざるをえないだろう。その点をまえもっておことわりしておく。

グーグル・プロジェクトの衝撃

最初のできごとについては、みなさん、ご存じのとおり。二〇〇四年十二月、グーグルがハーバード、スタンフォード、ミシガン、オックスフォードの各大学図書館、それにニューヨーク公立図書館という五つの巨大図書館と提携して、その蔵書を片っ端からデジタル・スキャンし、そこから作成した電子テキストを世界中からオンラインで利用できるようにする、という大プロジェクトを発表した。

私（当時はまだ現場の編集者だった）もそうだったが、あのとき日本の図書館関係者は、おそらく私以上につよい衝撃をうけたにちがいない。そのように私が推測する理由は二つある。

一つは、一九八〇年代にはじまった図書館の電子化が、「書誌目録《カタログ》のデジタル化」（ＯＰＡＣ）段階から、ばくぜんと想定していたよりも早く「書物そのもののデジタル化」段階に突入しつつある事実を、いやおうなしにみとめざるをえなくなったこと。そしてもう一つが、その作業が国や自治体などによる公共的な事業としてではなく、グーグルという一私企業の資金と技術力によって口火を切られてしまったことである。そのどちらもが、それまでは予想もしていなかった事態だった。

書誌目録のデータベース化段階までは、図書館人もさしたる衝撃はうけなかっただろう。紀元前三世紀、古代アレクサンドリア図書館で詩人・文献学者のカリマコスによって目録技法がはじめて生みだされて以来、図書館人は二千三百年間にわたって、いわば検索技術の先端的な専門家でありつづけてきたからだ。

とくに十五世紀に活版印刷術が出現してのち、図書館人は、たえまなく増えつづけ乱雑化する蔵書に、そのつど、どうやって新しい秩序をあたえるかという困難に繰りかえし直面せざるをえなかった。いってみれば、目録電子化もデータベース化もその延長線上に生じたできごとにすぎない。むしろ、そこでこそ自分たちが蓄積してきた経験の厚みに新しい光があてられることになるはずだと、ひそかに確信していたにちがいないのである。

しかし目録ではなく、それが指ししめす書物そのものの電子化となると、そうはいかない。図書館関係者はよろこぶと同時に、大いにとまどったはずだ。いや、とまどってくれないとこまる。なにしろそれは「書物の再定義」という人類史レベルでの大事件を、ただちに意味することになってしまうのだから。

書物の再定義

書物とはなにか。いま流通している書物にかぎっていえば、とりあえず以下のように定義することができる。

――筆記にせよ印刷にせよ、ひとかたまりの文字列や図像をインクの染みとして複数の紙の上に定着し、それらを綴じて表紙をつけたもの。

さらに近代以前にさかのぼれば、ここでいう「インク」には墨や花の絞り汁などもふくまれる。ようは「色のついた水」である。また「紙」は、粘土や竹や木の板、けものの皮などをふくめて、なんらかの「ひらたい平面」といいなおしたほうが適切かもしれない。カリマコス時代の書物は綴じ本（冊子本）ではなくパピルスの巻物だった。したがって、この定義は以下のように書きあらためることができる。

――筆記にせよ印刷にせよ、なんらかの「ひらたい平面」上に、ひとかたまりの文字列や図像を「色のついた水」の染みとして定着し、それを綴じたり巻いたりしたもの。

いずれにせよ、粘土も竹も木も獣皮も紙もインクも墨も綴じ糸も糊も、そのすべてが人間の暮らしのすぐそばにある物質であることにかわりはない。そんな身ぢかな物質を利用して人類は数千年にわたってさまざまな形態の書物をつくりつづけてきた。これまで図書館人が扱ってきたのは、このような書物、つまり物質としての書物だったのである。

ところがデジタル技術の急速な進展によって、人類史上はじめて、文字列や画像を平面上に広義のインクの染みとして定着するのでなく、非物質的な0と1の数列として記録し、コンピュータのモニター上で明滅する光点として表示することが可能になった。

ただし図書館がその現実を、すなわち「印刷本」ならぬ「電子本」をすすんで受け入れる覚悟をかためるまでには、いくらか時間がかかった。ノルウェー議会がいちはやく電子本を書物とみとめて法定納本制度の対象とすると議決したのが一九八九年のこと。ほどなくアメリカ、フランス、ドイツなどの国立中央図書館がこれにつづいた。日本の国立国会図書館も二〇〇〇年からは、CD-ROMやDVDなど、「電子的方法、磁気的方法その他の人の知覚によっては認識することができない方法により文字、映像、音又はプログラムを記録した」パッケージ系の電子本をも法定納本制度の対象とするようになっている。

では印刷本を生産し流通させてきた出版業界の側はどうだったのか。

国際書籍見本市（メッセ）を例にとると、図書館よりもややおくれて、一九九三年、フランクフルト書籍見本市が、ビデオ、CD-ROM、オンライン・データベースなどの電子出版物をはじめて市場に受け入れる歴史的決断をくだす。フランクフルトの見本市は十五世紀末、グーテンベルクの活版印刷術が出現してまもない時期にはじまった。その印刷本の牙城ともいうべき最古最大の国際書籍見本市が、とうとう電子本を書物の一族として正式に認知せざるをえなくなったのである。

かくして九〇年代の前半に、「文化遺産としての本」にかかわる国立中央図書館ネットワークと、「商品としての本」にかかわる国際書籍見本市という二つの国際的なしくみが、あいついで「電子本もまた本である」とみとめる決断をおこなった。

ただし念のためにいっておけば、どちらも確固たる見通しがあってそうしたわけではない。むずかしい問題が山積している。

たとえば、パッケージ・タイプの電子本ならまだいい。でも、すでにインターネットでは多数の電子雑誌や電子テキストがさかんに流通しはじめている。これらの雑誌やテキストはもはや物質ではない。無色無形のデジタル・データである。モノではない出版物。そんなへんてこなしろものを、いったい、どうやって売買したり収集してゆけばいいのか。図書館も書籍見本市もひたすら困惑するのみで、いまだになんの明確な方針もだせずにいる。それが正直なところなのだ。

印刷本も電子本もひっくるめての書物の再定義はまだできていない。できるという確固とした見通しもない。しかも図書館の電子化はもはや不可避である。再定義なしの書物電子化の加速。そのことから漠然とした不安がひろがる。

保存と利用の理念

目録技術についてならばいくらでも先端的でありうるが、書物そのものについては、よかれあしかれ、図書館人はその使命からして保守的にふるまわざるをえない。一国、一地域の諸資料を可能なかぎり長く保存しつづける、という図書館を図書館たらしめる保存理念がそこにかかわってくるからだ。

しかも保存理念の裏側には、図書館はその収蔵資料を利用者のもとめに応じて、いつでも、だれにでも無料で公開しなければならない、という近代図書館の利用面にかかわるもう一つの理念が貼りついている。図書館の電子化についても、これまでのところは、この保存と利用が一体となった理念の枠内ですすめられていた。その代表例が、アメリカ議会図書館による「アメリカの記憶《メモリー》」プロジェクトである。

ここでいう「記憶」は、いうまでもなく、「フランスの記憶の収蔵庫」というフランソワ一世による王立図書館の規定をひきついでいる。ちなみにいえば、アメリカ軍の占領下にあった戦後の日本で一九四八年に国立国会図書館が発足したさい、副館長だった哲学者の中井正一も、かれらの新しい図書館を「民族の記憶の収蔵庫」と呼んでいたという。

こうした伝統をひきついで、「アメリカの記憶」プロジェクトが一九九四年、インターネットではじめて公開されたさい、アメリカ議会図書館のウェブサイトには、ジェームズ・ビリントン館長（高名なロシア文化史家でもある）の名で、図書館の電子化にかんする以下のような宣言がかかげられていた。

われわれは国立の図書館として、その資産を、議会に選出された代表者をつうじて世界最大の知識データベースをつくりあげたアメリカ国民と分かちもちたいとねがう。

いま、このワールドワイド・ウェブサイトによって、議会図書館は、われわれ独自のアメリカ史コレクションの小規模だが重要な一部分を、われわれの蔵書カタログや、主要展示物からのテキストと画像や、アメリカ合州国議会関連の最新情報が検索できるトーマス・データベースや、学校の生徒と先生のための学習ページや、その他とともに提供しうるようになった。

その後、「アメリカの記憶」はコレクションの対象を「アメリカ史」からそれ以外の国や地域に、それにつれてサービスの対象も「アメリカ国民」からワールドワイドの「市民」へと着実に拡大されてきた。この「アメリカの記憶」が指ししめした方向こそが、図書館電子化の最良のモデル（その一つ）でありつづけてきたといっていい。

だが、このさきグーグルをはじめとする諸企業による図書館蔵書の大がかりな電子化がはじまると、このモデルははたしてどこまで通用するのだろうか、という揺れが新たに生じてくる。まず第一に、利潤追求を究極の前提とする企業の手で図書館蔵書の電子化、データベース化がすすめられる場合、無料原則をふくめて、図書館の保存と利用にかんする伝統的理念をつらぬくことが困難になるのではないか、という不安がある。いまのグーグルを信頼するかしないかという話ではない。極端な市場競争にさらされたデジタル業界では、たとえグーグルであろうと、アマゾンやマイクロソフトやアップルであろうと、この先、ひとつの企業の運命がどうなるかはだれにもわからない。公共的なサービスの喉元を、そんなあやふやな私企業の手にゆだねることへの怖れといってもいいだろう。

第二に、デジタル技術は人間の社会に、いつ、どのように安定的に着地するのか、という見通しがまったく見えていないという現実がある。いまのところは、ハードもソフトもめまぐるしく変化しつづけ、個人も集団も、その変化に一方的に振り回されている。そんな状況下で、これまで人類の記憶の大半をささえてきた書物(すでに枯れた技術)の運命を、デジタル技術(枯れる可能性がまだ見えていない技術)にまかせてしまっていいものなのだろうか。

さきに私は、日本の国立国会図書館をふくむ国立中央図書館ネットワークが一九九〇年代以降、パッケージ型電子本を書物と認定し、法定納本制度による正式の収集対象として指定しはじめた、とのべた。

しかし「保存」はいいとして、電子本の「利用」となると、ことはそう簡単には片づかない。本があればそれですむ印刷本とちがって、電子本を読んだり見たりするには、そのための読書装置《リーダー》がいる。その装置が、いまのように技術的・経済的理由によってあっというまに陳腐化させられ、企業によって勝手に「古い」と宣告された装置がたえず廃棄を強いられるような環境にあって、図書館が、

――その収蔵資料を利用者のもとめに応じて、いつでも、だれにでも無料で公開しなければならない。

という利用原則をつらぬこうとすれば、必然的に、あらゆる世代の装置システムを半永久的に保存しつづけなければならなくなる。そのためには図書館に隣接して、おそらくもう一つ、中古コンピュータ機器やソフトの博物館のような施設をもうける必要が生じるだろう。しかもそれらの装置を、利用者の希望に応じていつでも稼働できる状態で、何十年、いや何百年も保存しつづけなければならないのである。そんなことがほんとうに可能なのかね。

ほんとうもなにも、じっさいには、パッケージ型電子本（いわゆるマルチメディアCD-ROM）の収集計画はすでに挫折している。インターネットに追い抜かれて、日本で納本化がきまった二〇〇〇年には、もうほとんど発売されなくなってしまっていたからだ。

この先、これと同様の事態が繰りかえされないという保証はどこにもない。私たちはそういう世界に生きている。図書館人や利用者がいだく漠然とした怖れ（心情というよりも電子化社会の構造に由来する怖れ）のうちには、そんな怖れなど不要だと平気で断定できてしまうような人びと（かつて国立国会図書館によるマルチメディアCD-ROMの収集を支持した私をふくめて）への不信感も底流しているにちがいない。

東京都立図書館による蔵書の大量廃棄

そして第三に、本来であれば、みずからがやるべき仕事を、経済的・技術的な理由によって、あっさり私企業の手にゆだねてしまう国や地方行政の定見のなさにたいする怖れがある。そしてじつは、この第三の怖れに、私が冒頭で「最近、ふたつの象徴的なできごとが生じた」と書いた「ふたつ」のうちの後者、東京都庁による都立図書館の再編問題がかかわってくるのだ。

このことについては知らない方も多いと思うので、ざっと説明しておこう。

二〇〇二年二月、すなわちグーグル・プロジェクトが発表される二年まえ、東京都庁が「社会経済の変化に対応した新たな都民サービスの向上」のためという名目で、突如、三つの都立図書館(中央、多摩、日比谷)が重複して所蔵している本を段階的に廃棄し、以後は三館あわせて一冊しか買わないようにする、という新方針をうちだした。そして、その手はじめとして十四万冊の重複本が即座に廃棄されてしまった。おまけに、このさき書庫の増築は一切おこなわないことにするというのだから、新しい資料を受け入れれば、そのぶん古い資料を書庫から廃棄しなければならなくなる。つまり、重複本廃棄のあとにのこされた最後の一冊でさえも「永久保存」は保証しないというのである。

そのほか、この都立図書館再編計画には、資料費を大幅に削減する（現に都立中央図書館が買う本の点数は半分以下に減らされた）、中央図書館による市町村立図書館への支援（協力貸出）もあまりやりたくない、つづけるとすれば運送費は利用者に負担させるようにしたい、といったおもわくがかくされていたことが次第にわかってきた。

その後も、この方針は着々と実行にうつされている。その基本にある考え方を、石原慎太郎都知事は、二〇〇六年十月二十日の定例記者会見でこんなふうに語っている。

今の時代に人間を配置しなくたって、オートマティックに本を借りられりゃいいじゃないですか。自分が選ぶってのは（略）、その読者の感性なんだから、そこまで司書が指導することもないし、できたものでもないし、そんな業務、果たしてなかったと思うしね。この時代に、人手が足りなくなってきた。（略）その中で人件費を払って（略）、図書館作業というものを人を雇ってするような時代じゃないんじゃないかな。本は本であるんだから。

この発言を読むかぎり、都知事にとっての図書館電子化構想は、経済的に追いつめられた自治体行政の「構造改革」の一環として、人的労働を「オートマティック」なシステムにゆだねて人件費を削減する、というあたりにとどまっているらしい。つまりは図書館の「回転寿司」化である。アメリカ議会図書館のビリントン館長の図書館電子化宣言が「品のいい保守」の立場でつらぬかれていたのとくらべて、あまりにも品がなさすぎるよ、とだれもが感じるのではなかろうか。

都立図書館にかぎった話ではない。日本各地の市区町村立図書館でも、諸資料の購入費は削減する、書庫スペースはこれ以上ふやさず、かわりに利用度の低い蔵書は処分する、プロの図書館員などは不要、という方針に切り替える傾向がめだっている。図書館民営化、有料化の声もにわかに大きくなってきた。

さらにいえば、この流れに並行して、国立国会図書館の独立行政法人化と、それにともなう大幅な人員削減を軸とする合理化計画がすすめられようとしている。

こうして国立図書館から都道府県図書館をへて市町村立図書館まで、戦後、アメリカ軍占領下でつくられた日本の公立図書館システムの全体が、現在、いっせいにその保存・利用理念の廃棄をせまられている。せまるのは国公立図書館の経営主体としての行政や議会である。日本の図書館人や私のような出版人・利用者がグーグル・プロジェクトに接したのは、じつは、そんな動きのまっただなかにおいてだったのだ。

このニュースに接して、図書館人、出版人、利用者の多くは、すばらしい、とまず思い、そしてすぐに一抹の不安を感じた。

デジタル技術は人間の社会にどう安定的に着地するのか。その見通しをつける責任は技術だけではなく社会の側にもある。その社会がこんなありさまで図書館電子化が急激にすすむとしたらどうなるのだろうか。

情報なら不要になれば捨てることができる。しかし本はそうはゆかない。どうすれば新しい技術を伝統的な保存と利用理念に調和させることができるのか。そしてだれがそれを保証するのか。先が見えない。これは日本だけのことではない。資金や技術力の不足から、やむなく見るまえに跳んではみたものの、グーグルと手を組んだ米英の大図書館だって、おなじ不安をかかえているにちがいないのである。

あえて電子辞書の肩をもつ　2007

ウォーキング・ディクショナリーということばがある。日本式英語かと思っていたら、英語圏でも、ちゃんとこれで通じるらしい。歩く辞書。生き字引。こまごましたことをなんでもよく知っている人。

では、なぜこういう表現があるのか。辞書は歩かないのがふつうだからだ。

辞書は重いから、いつもは居間の棚や仕事机の上などにどっかり尻をすえている。坐る辞書。シティング・ディクショナリー。ときにそこに漱石のロンドン日記にでてくるクレーグ先生のように、昼夜の別なくカードの山に埋もれて坐りつづける、しなびた辞書編纂者のイメージがかさなってきたりする。本を読んだり文章を書いたりしていて、わからない語や書けない文字がでてきたら、すかさず手ぢかなシティング先生の力を借りる。必要なマメ知識をもとめて厚い辞書のうちをせっせとさがしまわる。

ところが、じつはここからが本題なのだが、私は生まれついてのせっかちで、子どものころから、この種の坐る辞書とのつきあいがあまり得意でなかった。「あまり」というよりも「きわめて」といったほうが正確かな。おかげでみごと、わからない語は平気でとばし読みする悪癖のぬしになりおおせた。辞書なしで書けないような文字は最初からつかわない。そうした傲慢とも謙虚ともつかぬ傾向が長くつづいたため、書くばあいでいえば、この文章が現にそうであるように、かな文字がやたらと多くなってしまう。べつに確信的なカナモジ主義者でもないのに。

辞書にかぎらず、年表や百科事典や統計集といったレファレンスブック、図書館の人たちがいう参考図書のたぐいとも、うまくつきあうことができない。

こまかいことは忘れたが、あるとき、なにか理由があって鴨長明の没年を知る必要が生じた。いま『広辞苑』(デジタル版)を引いてみたら、「1155?～1216」と、ちゃんとでてくる。でも、そのときは辞書や参考図書のことなど考えもせず、「カモ、カモ……」と頭のなかでつぶやきながら本棚をみわたし、たまたま目にとまった堀田善衛の『方丈記私記』を手にとって、そのままなんとなく最後まで読んでしまった。没年はけっきょく不明なまま。じぶんがそういう性向の人間（せっかちなナマケモノ）だと気づいて、これではこの先やっていけないんじゃないか、とぼんやり感じるようになったのは、もしかしたら、あれが最初だったかもしれない。いまから二十年ほどまえ。したがって四十代もそろそろ終りにちかいころ。

そのとき、これはちょっとやばいかも、と感じたことには、もう一つべつの理由もあった。老いの到来をまえに、じぶんの記憶力にとみに自信がなくなっていたのだ。

坐る辞書が私は苦手だが、じぶんのことを歩く辞書だともおもっていない。とはいうものの、すくなからぬ年月を辛うじて職業的インテリの一員として生きてきた以上、私の脳内にも小さな日用辞書の一冊ぐらいはセットされているのだろう。その大切な一冊にそろそろガタが来はじめた。「ホラ、あれだよ、あれ」という日ごろのモノ忘れ危険域が、固有名詞から普通名詞にまでひろがってゆきそうな気配がひしひしと感じられる。それがやはり四十代の終りごろ、一九八〇年代後半のことだった。

歯が欠けたので差し歯をするとか、視力のおとろえをレンズでおぎなうとかして、おとろえた生命部品をつぎつぎに人工の道具におきかえる。さまざまな機器で補助する。じぶんがすこしずつサイボーグ化してゆくのがわかる。

ひとによってちがうのだろうが、私のばあいは四十代前半にこの過程がはじまった。ははあ、これが厄年というやつなのか。でも歯や視力はいいとして、脳内辞書のみだれやおとろえはどんな人工物で補強してやればいいのかね。

じつは心配するほどのことはなかった。九〇年代にはいり、私の老化を追いこすほどのスピードで辞書や事典の電子化がすすんだからだ。しかもその電子辞書がすぐに専用プレーヤーや携帯電話で持ち歩きできるようになった。いってみれば、生き字引としてのウォーキング・ディクショナリーが外部機器化され、文字どおりの歩く辞書になってしまったのである。

電子辞書とときをおなじくして、ほかにも記憶力のおとろえをおぎなう便利な道具がいろいろ生まれてきた。たとえばグーグル。インターネットに蓄積された膨大な情報にたちむかう全文検索システム。あるいはアマゾン・コムでおなじみのOPAC。インターネットをつうじてだれもが無料で利用できる電子化された書誌目録。もともと図書館で開発された技術だから、アマゾンのみならず、いまや世界中の図書館がこぞってこのシステムを採用している。

これらの新しい道具の力についてはもうだれもが知っているだろう。鴨長明の没年どころではない。うまくつかえば、いったんは失われた記憶も、そのかなりの部分をとりもどすことができる。おどろいたことに、私が参加していた学生劇団が六〇年安保の年の春と秋に上演した二つの芝居の上演データまでもひっぱりだせた。もちろんグーグルの力だ。

もしもこうした電子的サポートなしに、老化にともなう記憶力の劣化にひとりで対処しなければならなかったとしたら、と考えると背筋がさむくなる。いやはや、あぶないところであった。

辞書は本のかたちをしていなければ辞書ではない。そういう人はいまもいる。じつは私もまだいくぶんかはそう感じている。人びとが電子辞書にたいしていだく否定的感情には理由がある。なによりも関係の歴史が長い。辞書と本という形態との関係も、本としての辞書と人間との関係も。

印刷した複数の紙をきつく綴じたもの。それがいまふつうにいう本である。

とりあえず東アジア圏の木版本（宋本や黄表紙のような）をわきにおけば、このような本のかたちは十五世紀のヨーロッパで成立した。そのはじまりにはマインツの金属細工師ヨハネス・グーテンベルクによる活版印刷術の発明がある。鋳造した鉛活字という小単位を繰りかえし組みかえることによって本の大量生産を可能にする。この活字から、のちに近代産業における「規格化された部品」という考え方が生まれてきた。

日本の木版本では筆記体の文字が切れ目なくつながっている。連綿体というらしい。対するに活版本ではひとつの活字とべつの活字のあいだに小さな空白がおかれる。つまりバラバラ。だから自在に組みかえられる。同様に辞書も「語」という小単位のあつまりで、その小単位、ひとつの語とべつの語のあいだには空白がある。空白は切れ目である。語と語がだらだらとつながっていない。

辞書のはじまりは語彙集。むずかしい単語をあつめて、それをアルファベット順にならべたもの。

その語彙集に新しい難解語をいくつか加える場合のことを考えれば、活字の特質がわかるだろう。木版本だったら、ぜんぶを頭から彫りなおさなければならない。でも活版本なら、あたらしい単位（語）を適切な位置に差しこむだけですむ。ようするに辞書も活版印刷もアナログではなくデジタルのなかまなのだ。その点だけをとっても、辞書と活字本との関係は最初から親和的だったといっていい。

ただし本は紙に印刷するだけでは本にならない。それには印刷した複数の紙をカッチリと箱型に綴じておく必要がある。

そのことからいくつかの問題が発生する。辞書や事典の巨大化がそのひとつである。はじめは薄っぺらな一冊ですんでいたものが、時間がたつにつれて、あたらしい語や事項がどんどんふえ、ついには本のお化けともいうべき異様なしろものになってしまう。ふつうの人間が日常的につかうには図体がでかすぎる。重いし、あつかいにくい。置き場所にこまる。もちろん定価も高い。

たとえば小学館『大日本国語大辞典』全十四巻。たとえば平凡社『世界大百科事典』全三十四巻——。

尊敬すべき仕事だということはわかっている。それでも「巨大化しすぎて絶滅を待つ恐竜」という印象をまったく受けないとはいえない。

そしてもう一つの問題が辞書の権威化、規範化である。

辞書の造本や装丁は聖書に似ている。しぜんにそうなったのではない。一八二八年、ノア・ウェブスターという男が『アメリカ英語辞典』をつくったとき意図的にそうしたのだ。ただの道具にすぎない辞書にアメリカ人の暮らしの規範というまぼろしを付加し、聖書同様、一家に一冊の辞書を、というスローガンによって大成功をおさめた。『広辞苑』以下の日本の辞書もウェブスターのやり方をそのまま踏襲している。

さきほど私は、辞書と本、本としての辞書と人間との関係には長い歴史があると書いた。ざっといってしまえば、これがその歴史である。よかれあしかれ、あまりにも長かったので、そのあいだに人びとの無意識領域に紙の本としての辞書のかたちがしっかり染みつき、それ以外のかたちをした辞書、いまでいえば電子辞書にばくぜんたる否定的感情をもつにいたった。まあ、そういった感じなのではないだろうか。

一国を代表する国語辞書や大百科事典が売れなくなった。今後、その売れ行きがもとにもどることはあるのだろうか。ざんねんながら、かなりむずかしいでしょうな。

辞書や事典が売れなくなったのは電子化のせいだという説もある。では電子化をやめれば売れ行きは回復するのか。これまた「ノー」と答えざるをえない。教室に電子辞書をもちこむ若者たちだけではない。日々、おそるべき記憶力の減退とたたかっている私のような老人もふくめて、多くの利用者が「坐る辞書」の欠陥と、電子化された「歩く辞書」の利点に気づいてしまったからだ。

それはまた、われわれが、辞書と活字本というのはかならずしも最適の組み合わせではなかったのかもしれない、と感じはじめたということでもある。もし十五世紀に活版印刷術と前後してコンピュータが生まれていたら、と強引に仮定してみる。小説や宗教書や人文書はさておき、辞書や事典はかならずや電子の本として誕生していたにちがいない。アナログなもの（たとえば堀田善衛『方丈記私記』のような）はアナログに、デジタルなもの（たとえば『広辞苑』のような）はよりいっそうデジタルに。

ウィキペディアとマチガイ主義——ウィキメディア・カンファレンスでの講演　2009

ウィキペディアについて、なんでもいいから、なにか話せ、時間は三十分。そういわれて、「マチガイ主義」ということばがまずパッと頭に浮かんだんですね。

よくみんな、ウィキペディアはまちがいが多い、あんなものゴミの山だ、というでしょう。たとえば学生にレポートを書かせると、なんの疑いもなくウィキペディアだけで書いてきたりするから、先生が腹を立てる。ウィキペディア禁止、もし違反したらレポートは受けとらない、という先生もいたな。そこまでいかなくとも、「ウィキペディアを信用するな」と、私もだけど、たいていの先生が一度は口にしたことがあるんじゃないですか。

ただ、そういいながらも、これは私の場合ですが、じつは腹の底で、ちょっとイヤな気がしていたんです。

ウィキペディアにはまちがいが多い。それは事実です。とくに日本語版がそう。私自身にかんする記述を読んでも、そう感じざるをえない。ただ、あえて擁護しておくと、もちろん無知や不注意によるまちがいという面もあるにはあるんですよ。でも、それだけじゃなく、そこには、かれら、つまりウィキペディアの人たちが覚悟して選んだやり方が必然的にもたらしたまちがいという面もないわけではない。

ウィキペディアがアメリカではじまったのが二〇〇一年です。そして日本語版が軌道にのりはじめたのが〇三年ごろ。私が最初にアクセスしたのはその中間の時期でしたが、

——この連中、どうやら確信犯的なマチガイ主義者らしいぞ。

と、すぐに感じた。

ご存じのように、かれらのサイトには、このネット百科をどういうルールで、どのようにつくっていくかについての大量のインフォメーションが掲載されています。それを読んでいくと、旧来の百科事典の「マチガッテハイケナイ主義」とは逆に、われわれはあくまでも「マチガイ主義」でいくぞ、と考えているらしいことがまっすぐつたわってくる。

もともと大百科事典というかたちは、十八世紀のフランスで生まれたディドロやダランベールの『百科全書』や、それに対抗してイギリスのエディンバラで生まれた『エンサイクロペデ

ィア・ブリタニカ』からはじまったといわれています。

そして十九世紀から二十世紀にかけての、いわゆる国民国家の形成期や最盛期に、それぞれの国がほこる最高級の知識人、学者、文筆家を総動員して、国民を知的に啓蒙したり、自国の知的水準の高さや世界観をそとにアッピールするための国家単位の事業として企てられ、それが全二十巻、三十巻と、どんどん巨大化していった。アメリカの『アメリカーナ』やフランスの『ラルース』やドイツの『ブロックハウス』など、みんなそうです。旧ソ連や東欧諸国にもあった。もちろん中国や韓国にも。日本でいえば平凡社の『大百科事典』、いまの『世界大百科事典』がそれに当たるといっていい。

では、そうした巨大百科はいったい、どんなふうにつくられているのか。基本にあるのは「マチガッテハイケナイ主義」です。不謬《ふびゅう》の中立的真理というものがどこかに厳として存在するという仮説。その仮説なり幻想なりを国家の力を総動員して権威づけるべく、

① その国を代表する大知識人をアタマ（編集長）において、
② 強力な編集委員会を組織し、
③ 各ジャンルの一流の専門家を執筆者として、
④ そのすべてを経験を積んだ編集部がまとめてゆく。

という ピラミッド構造の編集体制が組まれる。平凡社の『世界大百科事典』でいえば、初代編集長が林達夫、二代目が加藤周一だったことは、ご存じのとおり。

ところがウィキペディアの場合、書き手は匿名の一般ユーザーで、大編集長はもちろん、編集委員会もなければ力量のある編集部もない。ようするに全体を統括する人間や機関がどこにも存在しないんです。ただ、特定の政治的・宗教的・道徳的な意見にかたよらないとか、可能なかぎり中立的な記述をめざすとか、いくつかの大きなルールがあって、そのルールに反しないかぎり、だれもが書きたい項目について自由に書くことができる。そして、その記述にまちがいや偏りがあると思ったら、だれでも自由にそれをなおしていい。そういうやり方でつくられている。

みなさんもそうでしょうが、私も最初は、そんなやり方でホントに百科事典がつくれるのかよ、とあっけにとられた。でも、そのうち「ああ、そうか」と、すこしわかったような気がした。こうしたかれらの手法の基本には、もしかしたら、アメリカ・プラグマチズム哲学の伝統的な考え方、とくにチャールズ・パースの fallibilism 理論があるんじゃないか。そう思い当ったんですね。

fallible を辞書で引くと、「あやまりを犯しうる」「まちがいがちな」「当てにならない」といった意味がでてきます。人間はしばしば、いや、かならずまちがう。それが人間なんだ。したがって、なにかをやったり考えたりするときは、まずそのことを前提としてみとめる必要がある。そういう考え方をチャールズ・パースはfalliblismと名づけた。

パースの文章はむずかしいんです。私にはとても読みこなせない。私がこの考え方を知ったのは鶴見俊輔の『アメリカ哲学』（現在は講談社学術文庫）という本によってです。鶴見さんはこの本を戦後すぐ、かれがまだ二十代の青年だったころに書いた。その本のなかでfalliblismを、じぶんのコトバで「マチガイ主義」と訳したんですね。そこでの定義を、ちょっと読んでみます。

マチガイ主義（falliblism）　絶対的な確かさ、絶対的な精密さ、絶対的な普遍性、これらは、われわれの経験的知識の達し得ない所にある。われわれの知識は、マチガイを何度も重ねながら、マチガイの度合の少ない方向に向かって進む。マチガイこそは、われわれの知識の向上のために、最も良い機会である。したがって、われわれが思索に際して仮説を選ぶ場合には、それがマチガイであったなら最もやさしく論破できるような仮説をこそ採用すべきだ（これは、もはやプラグマティズムの原理と同一である）。

いま読めば、そんなに理解しにくい定義ではない。理系の人だったらなおさらでしょう。なにしろ、「それがマチガイであったなら最もやさしく論破できるような仮説をこそ採用すべきだ」というのは、理系の人が論文を書くときの第一原則なんですから。かれらは若いころから、そういう教育をうけてそだってきた。だから、「そんなこと、あたりまえじゃないの」と感じる人のほうがはるかに多い。

しかし私もそうですが、文系人間はちがうんです。人間はまちがう。だとしたら、そのまちがいがだれにでもすぐわかるようなしかたで書くべきだ。そういう考え方は、どちらかといえば難解好き、あいまいで両義的な表現方法に慣れた文系インテリや芸術家には、けっしてわかりやすくない。とくに日本ではそうですね。むしろ反発する人のほうがはるかに多いんじゃないかな。

たとえば、ウィキペディアのサイトにのっている「五本の柱」という基本方針の最初のところに、「ウィキペディアは中立的な観点に基づきます」と書いてある。日本のインテリがあれを読めば、たいていの人が、

——中立的な観点？　甘いね。そんなものあるわけないだろう。

と、せせら笑うでしょうね。でも、この反応は単純すぎる。なぜならウィキペディアの連中だって、「絶対的な普遍性（つまり絶対的に中立的な観点）なんてものは存在しない。それはわれわれの経験的知識の達し得ない所にある」というパース流のマチガイ主義の格率にしたが

って、やはり「そんなものあるわけない」と考えているにちがいないんですから。そんなものあるわけがない。そこまではおなじなんです。ただその先が、かれらと私たちとでは大きくちがってくる。

もういちどパースの定義をあてはめれば、「絶対的に中立的な真理」が存在しない以上、われわれは「マチガイを何度も重ねながら、マチガイの度合の少ない方向に向かって進む」しかない。ウィキペディアの人たちはそう考えているはずなんです。そのことを鶴見俊輔は「真理は方向の中にしかない」という。前もってどこかに真理などというものが存在するのではなく、人間たちがまちがいを重ねながら真理の方向に向かう。そうやって進むこと、その方向感覚自体が真理なんだということです。

その認識を前提とした上で、どうしたら可能なかぎりまちがいを減らし、中立的な記述に近づくことができるか。近づくだけで到達はできないんですよ。できないままに、なおかつ、その方向としての真理をどうすれば維持しつづけることができるか。どうやらそれがウィキペディアの「五本の柱」に示されている考え方らしい。

ウィキペディアをはじめたのは文系ではなく理系の人間たち。しかも、チャールズ・パースやウィリアム・ジェームズや教育学者のジョン・デューイらが興したプラグマチズム哲学の伝統のなかで育った若いアメリカ人たちだった。

これはカンだけでいうことですから、あまり本気にしないでほしいんですが、一九七〇年前後、アポロ計画やベトナム戦争時代の中央集権的な巨大システムとしてのコンピュータに対抗して、分散型の個人用小型コンピュータ、つまりパーソナル・コンピュータというアイディアを最初に考えついた連中は、しばしばアメリカ・プラグマチズムの始祖たちの発言を引用していた。その代表ともいうべきアラン・ケイは主としてジョン・デューイの発言。シーモア・パパートもそうですね。パパートはLOGOというコンピュータ言語で知られる反ツメコミ教育派の有名な学者ですけど、あの人もたしかデューイだったな。

つまりですね、そういったパーソナル・コンピュータ文化の始原の匂いみたいなものを、私はウィキペディアにも感じるんですよ。ウィキペディアというのは、七〇年代にはじまり、その後のグローバル・ビジネス化によって押し潰されかけていた個人用コンピュータ文化という「初発の夢」の、ひとつの実現形態なのかもしれない。最近、千葉敏生さんが訳したアンドリュー・ソーの『ウィキペディア・レボリューション』(ハヤカワ新書juice)という本を読んで、なおさらそう感じるようになった。

あの本によると、ウィキペディアも最初のうちは、従来の百科事典づくりの伝統的な手法(ピラミッド型の編集体制など)をそのまま踏襲しようとしていたらしいですね。

でもかれらは、このやり方じゃだめだ、とすぐに思いなおした。つまり、かれらは一度まちがったわけ。そして、ＷＩＫＩ（ウェブ・ブラウザーからページの作成や書き込みや修正が自由にできるプログラム）との出会いをきっかけに、「マチガイの度合の少ない方向」に向かって、あらためて歩きはじめた。タフな連中だと思うな。まちがいを恐れない。まちがうことに対してとことんタフ。それがかれらの哲学的伝統なのね。そうした伝統なしでは、だれでも自由に書いていい、自由に書きなおしてもいいなんて、なかなかいえないですよ。

それはじぶんのことを考えれば、よくわかる。私にかぎらず、日本人は繊細というか、まちがうことに対してきわめて敏感で臆病だから、マチガイを恐れる。タフじゃない。「マチガッテハイケナイ主義」の洞穴にすぐひきこもってしまう。

私もそうでしたが、はじめのうち、日本の知識人はウィキペディアにあまり関心を示さなかった。とくに大学教師ね。大学の先生方のウィキペディア批判の裏には、紙の百科事典が提供してくれる知識、その権威に対する暗黙の信頼がぴったり貼りついている。そのさらに裏には、たぶん、じぶんが受けてきた「マチガッテハイケナイ」型の学校教育に支えられたプライドがあるんでしょう。

つまらないと思うんですがね、私は。しかし、そう思いながらも、骨がらみの「マチガッテハイケナイ主義」をじぶんから引きはなすのは、けっこうむずかしい。でもまァ、そうはいうものの、いまは教師も物書きも、現実として、ウィキペディアなしでは仕事ができなくなっているんですから、すこしは変化のきざしが見えはじめているのかもしれません。

しかし、それにしても、ウィキペディア、潰れそうでいて、なかなか潰れませんな。いったい、いつまでつづくんですかね？

(会場からの答えなし)

ということは、いまこの場には、この質問に答える資格や権威をもった人がひとりもいないということですよね。スポークスマンもいない。それでいて、こんな大きなシンポジウムがやれてしまう、そのふしぎさね。アナーキズムにも最小限の秩序が必要なんだそうですが、その最小限がとりあえずここでも機能しているらしい。しかし、とはいっても完成を最初から放棄した百科事典だから、いつフッと消えてしまうか、わかったものではない。まあ、できるだけ長くつづけてください。だれにともなく、そう一方的にお願いしておいて私の話を終りにします。マチガイ主義、あんがいわるくないと思うんですがね、私は。

Ⅲ　歩く書物——ブックマンが見た夢

いちばん最初の本は現在の本とは似ても似つかなかった。それには手も足もついていた。床の上にじっと横たわってはいなかった。話すこともできたし、歌うことさえできた。つまりそれは生きている本であった。「人間の本」だったのである。

——イリーン『書物の歴史』

1　レイ・ブラッドベリ再読

エレクトロニック・メディアを独占した国家が本を焼く。これに抵抗して森の解放区にたてこもったブックマン一党が本を丸暗記し、プラトンの『国家』とかソローの『ウォールデンの森』とか、めいめいが一冊の本となることによって想像力の自由をまもろうとする。レイ・ブラッドベリの『華氏四五一度』は、ちょうどそこのところで終っていた。あのあと、かれらの世界はいったいどうなったのだろう。

じつをいうと、以前、私はこの小説があまり好きでなかった。活字で印刷した紙をとじた本というかたちは、われわれの経験を保存し、煮つめ、拡大し、それを人につたえていく道具として、本当に、それほどすぐれたものなのだろうか。「ぼくの妻はテレビに熱中して書物なんかに現実はないといっています」となげく主人公に、森のおくに隠れすむ老ブックマンが答える。「こまったものだ。だまらせるんですな」

おじいちゃん、ずいぶんいばってるなアと感じた。自分でも本の編集を業としていながら、私には、この種の非活字メディアにたいする活字メディアの精神的優位性への確信がない。その点で、私はこの老ブックマンとも、あるいは、この小説を読んで「次第に憂鬱な気分になってしまった」という清水幾太郎とも、ちがった場所にいる。

清水幾太郎は一九七二年に『本はどう読むか』(講談社現代新書)という小さな本を出した。その最後のページに『華氏四五一度』が登場してくる。清水は来たるべき社会における「活字メディアと電波メディアとの間の立体的な協力」に期待をよせていた。しかるに、この小説では「二つのメディアが対立し抗争し、最後に、活字メディアが電波メディアに敗れて、地上から一掃されようとしている。(略)そういう方向へ滑り落ちるような斜面に人類は立っているのであろう」——そう考えて、かれは憂鬱になったのだ。


読書は、多量の精神的エネルギーを必要とする行為であり、二つのメディアの立体的な協力といっても、それは自然に生れて来るわけではなく、私たちの努力によって可能になるものであるから、それにも多くの精神的エネルギーが必要である。きっと、読者諸君は、このエネルギーを持っているであろう。しかし、それを持っていない人間が沢山いる。この精神的エネルギーを持たない人間の数が殖え、彼らに支持される強力な政権が生れるようになったら、『華氏四五一度』は夢物語ではなくなる。これを読んで私は憂鬱な気分になったが、案外、痛快に感じている人も数多くいるのであろう。出版というものがどんなに大規模な事業になっても、書物は、特に、生活を高めるための教養書は、依然として、少数者のためのものなのであろう。志を立てた人間のためのものなのであろう。

活字文化にたいするしたしみの度合を基準にして、人間を「志」という「精神的エネルギー」をもった少数者と、それをもたない多数者とに分類する。そのようなしかたで活字文化を至上の高みに押しあげる本人間《ブックマン》の習性に、私はあまり共感がもてない。私自身、風呂場でも本が手ばなせないほどの本人間である。つい数日まえも歩きながら本を読んでいて、道ばたに駐めてあった車に正面衝突した。そのときできたアザが、いまも左ひざの上にのこっている。しかし、だからといって、私の「精神的エネルギー」が日常的な読書習慣をもたない非ブックマン諸氏のそれよりも文句なしに大きいなどと、どうして信じられようか。私はおそれる。

――どちらかといえば、その逆なんじゃないの？

そこで私は「森の印刷所」という文章（『小さなメディアの必要』所収）を書いて、つぎのように『華氏四五一度』にたいする不満をのべた。

テレビを現実といいくるめられるのもイヤだが、本にしか現実を感じることができず、人間と本とが一体化してしまうというのも相当にしんどい光景である。前者を否定するブラッドベリも、後者にはなんの疑問もいだいていないように見える。そのため本の逆ユートピアをえがいたはずの小説が、本のユートピア小説として読めてしまう。私たちは森のおくのユートピアにまで、プラトンからソローにいたる沢山の本をせおっていかなければならないのだろうか。

この不満は私のなかで、いまもまだ解消されていない。『華氏四五一度』のうちには、この種の不満を私にいだかせるような傾向がたしかに存在しているのだ。

しかし、そのことによってこの小説のすべてを割り切ってしまえるのかといえば、そうではない。本を一方的に理想化する態度に反撥するあまり、あのころの私はブラッドベリの世界をいささか単純化してとらえすぎていたようだ。一九八四年の秋、映画『華氏四五一度』の監督（フランソワ・トリュフォー）と主演俳優（オスカー・ウェルナー）があいついで死んだあと、もういちどこの小説を読みなおして、そう考えるようになった。「人間と本とが一体化してしまうイメージはしんどい」と私は書いた。しかし厳密にいえば、この「一体化」は、たとえば清水幾太郎がいうような「志」をもった少数者と本とのあいだに成立する親密な関係とは別のなにかなのである。二つの関係のあいだには、はっきりしたちがいがある。清水型のブックマンには精神しかないが、なんといっても、森のブックマンには精神に還元されない、がっしりした手足にささえられた生きたからだがあるのだから。

ブラッドベリの『華氏四五一度』は一九五三年に出版された。『ギャラクシー』誌一九五一年二月号に掲載された中編「ファイアマン」を、あらためて長編小説に書きなおしたものだったらしい。おなじころ発表された短編「第二のアッシャー邸」（『火星年代記』所収、一九五〇年）や「亡命者たち」（『刺青の男』所収、一九五一年）にも、ポーやラブクラフトやナサニエル・ホーソーンやアンブローズ・ビアーズなどの本を焼きほろぼそうとする統制国家のこころみと、これに抵抗する幻想文学マニアや作家たちの最後のすがたがえがかれている。こうした一連の作品の背景に、同時代のアメリカ合衆国で猛威をふるっていたマッカーシズムの経験があったことはことわるまでもない。

ウィスコンシン州選出の上院議員ジョゼフ・マッカーシーは、上院非米活動委員会を舞台に、コミュニストの魔手からアメリカの自由と民主主義をまもるという名目によって、政治、経済、文化などのあらゆる領域から、コミュニズムに同調する、あるいはその可能性がある（とかれらが見なす）人びとを狩りだし、アメリカ社会の公的な場面から追放しようとした。

一九五〇年にはじまったマッカーシーの運動は四年後に没落する。しかしブラッドベリの想像世界のなかでは、それは、そう簡単には終ってくれなかった。前出「第二のアッシャー邸」によれば、一九五〇年代には「一粒の小さな砂」にすぎなかった思想統制の動き（つまりマッカーシズム）が、反共ヒステリーだけではなく、ありとあらゆる政治的・宗教的な偏見をさそいだして、四半世紀のあいだ、とめどもなく拡大していったということになっている。こうして一九七五年の「大焚書」がやってくる。『華氏四五一度』の統制社会もこれとおなじ時期に、ほぼおなじようにして開始されたらしい。さきほどの老ブックマンは、半世紀まえにはカレッジで演劇史をおしえていたが、四十年まえからは、かれもかれの友人の歴史学者も論文を書くことができなくなってしまったという。『華氏四五一度』の世界は、一九七五年から四十年たった二〇一〇年代のアメリカに設定されている。そう考えておいて、さしてまちがいではないはずである。

ブラッドベリは「赤狩り」の熱狂が終ったあとではなく、マッカーシーと、かれの私的な秘密機関「忠誠米国人地下組織」があばれまわっているアメリカ社会のまっただなかで、これらの作品を書いた。そこから一直線上に予測しうる近未来の世界と、それを想像力によってさらに極限化した世界とのつなぎ目を一九七五年においた。それからの四十年間に、『華氏四五一度』の世界ではおおよそ以下のようなことが起った。

①核爆弾による世界戦争の危険がすぐそこにまでせまってきた。
②壁面テレビと「海の貝」と呼ばれるある種のウォークマンによる情報の徹底した一方向化。
③英語やスペリング教育は放棄され、読み書き能力が急速に失われつつある。
④歴史は全体主義的な支配者の手によって、ほぼ完全につくりかえられてしまった。

こうしたことのすべてが起るために、四十年という時間では短すぎるという意見もあるだろう。だが私は、自分が生きてきた四十七年間の経験からして、四十年もあれば、この程度のことは現実の日本でもあっさり実現してしまうだろうと感じている。『華氏四五一度』の世界のように、主人公のモンターグが所属する「ファイアマン」機関が、あらゆる本を見つけしだい焼却してしまうといった仕組みが完備していればなおさらである。記憶のよりどころとしての文字が失われていくにつれて、人びとはなにかを記憶しつづけることができなくなる。モンターグ夫婦も、もはや自分たちがいつどこで出会ったのかをおもいだすことができない。いまここでの体験をのぞいては、すべてがぼんやりした霧のなかにある。となれば過去の偽造などはきわめて容易な仕事である。公認された「ファイアマン」の歴史は以下のごとし。

「創立　一七九〇年。イギリス本国よりわが国にもちこまれ、その影響をおよぼすおそれのある書籍を焼き払うことを目的とす。初代長官ベンジャミン・フランクリン」

この歴史の偽造は二重にコッケイ化されている。もともと消防夫を意味する「ファイアマン」の語が、逆に焚書官を意味する語になっている。それが一つ。アメリカにおける活版印刷術と市民図書館の祖であるフランクリンを、こともあろうにアメリカにおける焚書制度の創始者にしたてあげてしまった。それがもう一つ。「ファイアマン」機関が創立された一七九〇年とは、じつはフランクリンが八十四歳の高齢で死んだ年なのだ。こうしたニセの過去づくりのために、私たちの眼には見えない場所で、おそらくオーウェルの『一九八四年』にでてくる記録局のような組織が精力的にはたらいているのだろう。そういえば「ファイアマン」という語を焚書官の意味に逆転して流通させるというあたりも、オーウェルが発明した「ニュースピーク(新語法)」を連想させる。ブラッドベリの小説は、その五年まえに出版されてベストセラーになった『一九八四年』のつよい影響下にあったと見ていい。

この小説のなかで、人びとはより直接的なたのしみを求めてエレクトロニクスによる支配をうけいれ、本と文字を放棄することにすすんで同意してしまう。統制の恐怖は、たんに外側から強制されたものなのではない。人びとは自分のうちにそれぞれのファイアマンをすみつかせて、プラトンやソローのユートピアからポーやラブクラフトの幻想文学にいたる、いまある世界を想像力によってのりこえようとするすべての本──「憂鬱な思想の波、陰気な哲学の流れ」を自発的に拒否するようになる。だからこそ、かつての私自身をふくむ多くの読者は、そこに「活字メディアが電波メディアに敗れて、地上から一掃されようとしている」(清水)状況を見たと思った。その悪夢のような未来にたいして、ブラッドベリが世界中の本人間を代表して発した予見的な悲鳴が聞こえる。たしかに聞こえたと思ったのである。

しかし、さきにもいったように、この読み方はまちがいだった。

では、なぜまちがったのか。推測はつく。おそらく私は本を読む直前に見たトリュフォー映画に影響されすぎていたのである。森の空地で、めいめいに割りあてられた本を頭のなかで暗誦しながら、ブックマンたちがグルグルと輪になって足踏みをつづけている。たしか雪が降っていたと思う。それが映画化された『華氏四五一度』のラストシーンだった。それを見て、私は、こりゃたまらん、こんな自閉的な解放区があってたまるもんかとかたく思いこんでしまったのだ。ちょっとせっかちすぎたようである。もういちど、おなじ小説をゆっくり読みなおしてみたい。

小説の終りちかく、ファイアマンからブックマンに転向して森にはいった主人公が、「遠い街の上に巨大な金属のこぶしが、さっと一回ひらめく」のを見る。核戦争がはじまり、一瞬ののちに、それが終ったのである。すべての都市文明は破壊され「ふくらし粉の山」のようになってしまった。その廃墟をめざして、生きのこったブックマンたちが歩きはじめる。『ガリヴァー旅行記』が、『種の起源』が、仏陀が、孔子が、マタイやルカの福音書が——主人公のモンターグはいつのまにか「伝道の書」になっている。百万陀羅尼みたいな堂々めぐりではない。「さあ、上流へむかって出発だ」と、リーダー格の『国家』老人が一行に呼びかける。

「遠いむかし、手近に多くの書物をおいといたころでも、わしたちはその書物から得たものを、役立てようとしなかった。わしたちは死者を侮辱することしか考えなかった。わしたちよりもまえに死んだ哀れな人たちの墓に、唾をかけることしか知らなかった。わしたちはこれからも、孤独な人たちに大勢会うことだろう。来週も来月も来年も。そして、その人たちは、わしたちにむかって、なにをしておるのかとたずねるだろう。そのときは、こういって、こたえよう。わしたちは記憶しているのです、とね。それがけっきょくは最後の勝利をうる道なのだ」（ハヤカワ文庫SF、宇野利泰訳）

老人がいわんとしていることは明白である。これは、めいめいが一冊の本になることによって、いったんは滅びかけた活字文化をそのままよみがえらせようという主張ではない。もしそうなら、かれらが隠しもつ旧式の印刷機をつかって、かれらが頭のなかにしまいこんできたことばを大急ぎで文字にうつしとってしまえばいいのだから。

本を禁じた国家はほろび、ブックマンは解放された。にもかかわらず、かれらはあえて本をつくろうとしない。そのかわりに、自分たちが記憶したことばを杖に、書くのでも印刷するのでもなく、語ったり歌ったりする人間として、文明の廃墟、読み書き能力を失った人びとのあいだを歩きつづけようとしている。それゆえに私は、この物語が終ったあとの世界にこころをひかれる。いくら本そのものに化けたといっても、かれらがからだをもった人間であることに変わりはない。記憶は印刷とはちがう。ブックマンたちの語ることばは、来週、来月、来年……さらには子の世代、孫の世代へと語りつがれていくうちに、しだいに変化していくだろう。何十年、何百年の時間がたつ。ことばは原型を失い、複数の物語がたがいにまじりあって、やがては一つの大きな叙事詩みたいなものになってしまう。そのとき「ブックマン」の語は語源も定かでないままに、放浪の吟遊詩人の呼び名になっているはずである。

――ふうん、ブックマンの放浪芸人化ね。だったら、あれはどうなの？　刺青の男。あれもやはりある種の吟遊詩人だったんじゃないの？

ご注意ありがとう。そのとおりなのですね。

ブラッドベリの『刺青の男』のプロローグで、語り手の「わたし」は徒歩旅行の途中、ひとりの大男に出会う。夏だというのにウールの長袖シャツを喉もとまできっちりと着こんでいる。やがて、ふたりは丘の上でいっしょに野宿することになった。男がシャツをぬぐ。全身にびっしりと極彩色の刺青がほどこされている。ロケット、泉、バラの花、人間たち――「男が体を動かすと、ちいさなくちびるはねじれ、ちいさな緑と金のひとみはウインクし、ちいさなピンク色の手はゼスチュアした。黄色の牧場があり、青い小川があり、山があり、男の胸にかかる銀河には、星や太陽や惑星がいっぱい散らばっている」――男はその刺青をねたに各地の見世物小屋をわたり歩く放浪芸人だったのである。

　そして、やがて日が暮れる。


　すみきった夜である。月あかりのなか、刺青の男の呼吸の音がきこえた。遠くの狭間では、コオロギがかすかに啼いている。わたしは刺青が見えるように、横向きに寝そべった。三十分も経ったろうか。それは寝言だったのかもしれない。とつぜん刺青の男がささやいた。「動いてるだろう。え？」

　わたしは一分間ほど待った。

　それから、「ええ」といった。

刺青の絵は、一つひとつ順番に、一、二分ずつ、動き出したのである。月あかりを浴び、きらめく小さな思想と、遠くの潮騒とをともなって、それぞれの小さなドラマが演じられた。すべてのドラマが演じ終えられるまでには、一時間か、ひょっとすると三時間もかかるだろうか。わたしはただ魅せられたように身じろぎもせず、横たわっていた。空の星たちは、ゆるやかにその運行をつづけた。（ハヤカワ文庫NV、小笠原豊樹訳）

十八の刺青が男のからだの上で十八の物語を演じ、それらがあつまって、この『刺青の男』という短編集をかたちづくる。この刺青を、若いころ、かれは未来からきたという老婆に彫ってもらった。「いうなれば歩く美術館だった」と語り手の「わたし」はいう。「歩く本」といってもおなじことだろう。たしかにかれは歌わないし語りもしない。それでもやはり、この男が、自分のからだにきざみこまれた物語とともに、自分でもわからない人類史的な使命をせおわされて、人びとのあいだをさすらい歩く神話的な風格をそなえた芸人たちのひとりであることにちがいはないのだから。

ブラッドベリは『華氏四五一度』によって、本当に活字メディアがエレクトロニック・メディアによって滅ぼされる危機について、つまり本の終りについて語っていたのだろうか。

どうもそうではないらしい。その反対に、むしろかれは本の新しいはじまりについてこそ語りたいと考えていたようなのだ。もし本が滅びなければならないとすれば、その理由は本の外側（国家権力やハイ・テクノロジー）だけではなく、きっと本の内側にも準備されているはずである。そう考えたからこそブラッドベリは、この物語の最後で、ブックマンたちにかれらの愛する古い本のかたちを捨てさせたのではないだろうか。しいられた本の死を自分からすすんでえらびとる。私が想定する『華氏四五一度』の後日談はそこからはじまる。

では文字は？

文字はいちど死んだ。そして何百年かたったあとに、ふたたび生まれてくる。そのとき文字は以前あった文字とは別のものになっている。ローマ字アルファベットでも「あいうえお」でもない。吟遊詩人に変身した未来のブックマンたちは、かれらが語りついできた物語をその新しい文字によって書きしるす。いつ実現するともしれない新しい本のはじまり。おそらくそれが老ブックマンのいっていた「最後の勝利」ということの本当の意味だったのだろう。

2　来たるべきホメロス

ひとつの文字文明があとかたもなくほろびて、何百年間かのち、おなじ土地に以前のものとは異質の新しい文字文明がおこる。メディアの歴史は直線的というよりも円環的なのだ。私はブラッドベリの『華氏四五一度』が終ったあとの世界を、そのような円環する時間のうちにおいてみたい。未来の遠い先端がぐるりとまわって過去につながる。本を捨てたブックマンたちのその後をさぐる手がかりを、私は盲目の吟遊詩人ホメロスのうちに求めることにした。

古代ギリシャ人がアルファベットをつかいはじめたのは紀元前八世紀ごろといわれている。ただし、それが地中海沿岸のこの地方に出現した最初の文字だったのではない。

よく知られているように、今世紀はじめ、アーサー・エヴァンスがクレタ島で発見した粘土板文書には、ふるい象形文字のほかに、A、B二種類の未知の線型文字がしるされていた。おなじ文字が、のちにギリシャ本土のミュケナイ文明の廃墟でも大量に発見される。一九五二年、このうちの「線文字B」をマイケル・ヴェントリスが解読し、それによって、これが古いギリシャ語を表記するために工夫された、ちょうど日本の仮名のような表音文字であったことがわかった。しかし、この「線文字B」は紀元前十二世紀のミュケナイ文明の崩壊とともに死にたえ、それから約四百年後、ギリシャ語はあらたに子音と母音をくみあわせたアルファベット文字によって表記されるようになる。その間、ギリシャには文字がなかった。当然、文字による記録も存在しない。いわゆる「ギリシャ史の暗黒時代」である。

アルファベットのはるか以前に、ギリシャ語を表記する別の文字が存在していた。とすれば、もしかしたらと、この解読結果を知ったホメロス学者たちはおおいに色めきたったらしい。

従来、ホメロスの『イリアス』や『オデュッセイア』はミュケナイ文明潰滅後の「暗黒時代」に成立し、その後、アルファベットの普及によってはじめて文字に定着されたと考えられてきた。

しかし、じつはホメロス叙事詩の原型はそれより早く、すでにミュケナイ時代に成立していたのかもしれない。ミュケナイにも王の戦功を将来に語りつたえる「アオイドス」と呼ばれる吟遊詩人がいた。かれらはオデュッセウスの十年にわたる放浪中に、ついこのあいだ終ったばかりのトロイ戦争の物語を音曲入りでものがたっていた。とすれば、この原ホメロスともいうべき英雄叙事詩を、王宮の書記たちが「線文字B」によって記録にとどめていたとしてもなんのふしぎもあるまい。さらに発掘がすすめば、かずおおいミュケナイ文明の遺跡のどこかから、そのものズバリの粘土板ホメロスが出現する可能性だってないわけじゃない。そう考えて学者たちは期待に胸をおどらせたのである。

ミュケナイの吟遊詩人が語るトロイ戦記やオデュッセウスの遍歴物語が「線文字B」によって書きとめられ、この文字が消滅したのち、ふたたび吟遊詩人の手にゆだねられて豊富化し、あたらしいアルファベットによって記録されるにいたる。この仮説的な（すくなからぬ数のホメロス学者たちが想定した）過程を、かんたんな表にまとめてみよう。

BC一二〇〇年	→	この間四〇〇年	→	BC八〇〇年	→
線文字Bの消滅		口頭による伝達		アルファベット成立	
原ホメロス		吟遊詩人		現存のホメロス	

いちばん下の矢印がどんどんのびていったさきが現代である。そこで私は以下のように空想する。ヴェントリスの「線文字B」解読は一九五二年、それが学界に正式発表されたのが翌五三年だった。ヒラリーのエヴェレスト登頂とならんで、その年のイギリスの十大ニュースの一

つにかぞえられるほどの大事件だったそうな。そして、おなじ一九五三年、『華氏四五一度』刊行――この暗合には、なんらかの隠された理由があったのではあるまいか。

　もっとも単純な解決法をえらぶとこうなる。たぶんブラッドベリは新聞かラジオでこのニュースにせっして、それにつよい衝撃をうけたのである。そこからかれは、ひとつの土地における文字の死と再生というヴィジョンを手にいれた。そして、いま自分たちのまわりであれくるっているマッカーシズムが予告しているかに見える本の暗い未来を、このヴィジョンによってのりこえることが可能だと考えた――。

　強引すぎますか？

　でも、まんざらありえない話ではない。かれが『華氏四五一度』を書いた一九五〇年代初頭は、マッカーシズムやジョージ・オーウェルや朝鮮戦争の時代であると同時に、「線文字B」の解読をきっかけにして、文字の運命についての関心が急速にひろがった時代でもあった。

――といった次第で、この小説を構想するブラッドベリのノートには、とがった鉛筆と定規でこんな表がしるされることになる。

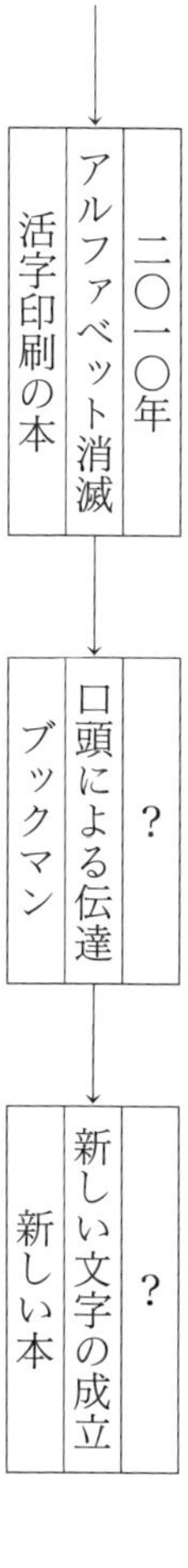

ミュケナイ文明の場合がそうであったように、近代文明の崩壊とともに、いまある文字と本のかたちが失われる。そこまでが第一段階で、ちょうどそこのところで『華氏四五一度』は終っていた。それから何世紀かにわたるであろう「暗黒時代」を、ブックマンとその後継者たちが未来のホメロスとして放浪する。それが第二段階。そして第三段階——古代ギリシャの場合とは逆に、おそらくはある種の象形文字が失われたアルファベットにとってかわる。それが私の空想する『華氏四五一度』後日談のあらましである。

ただしブラッドベリがこの小説を書いたころ、すべてのホメロス学者が「線文字B」の解読に興奮して、粘土板にしるされた『イリアス』や『オデュッセイア』の発見を夢見ていたのかといえば、そうではない。その種の期待に与することを拒否した学者たちもおおぜいいた。そしてブックマンの運命について考えようとする場合は、むしろ、こちらの学者たちの仕事のほうがはるかに役に立つのである。たとえば「線文字B」の解読にどんな値打ちがあろうとも、それはホメロス問題とはなんのかかわりもない」と、アルバート・B・ロードが一九六〇年に刊行した『物語の歌い手《シンガー・オブ・テイルス》』（ハーバード大学出版部、未訳）という本のなかで述べている。ロードはこの確信を、かれの先輩にあたるホメロス学者ミルマン・パリーからひきついだ。

一九三〇年代のはじめ、ハーバード大学の古典学助教授だったパリーは、ユーゴスラヴィアに現存する口承叙事詩《オーラル・エピック》をレコードと筆記によって収集・分析し、その技法とおなじものをホメロス叙事詩のうちに発見した。

ロードが紹介するところによれば、かれは口承叙事詩を「民間叙事詩」とか「国民叙事詩」とか「民衆叙事詩」とかの、おおざっぱで観念的な解釈の枠ぐみにゆだねてしまうことを拒み、そのかわりに、文字をもたない叙事詩人たちが、いったいどのようにしてかくも長大・精密な作品をつくりあげることができたのか――その「文字どおりの意味での詩学《ポイエーシス》の実際技術」を正確に知りつくそうとしたらしい。しかし、この研究はついに未完のままにおわった。一九三五年、ユーゴスラヴィアから帰国したパリーはただちに『物語の歌い手』という本を書きはじめたが、わずか数ページを書きおえただけで急死してしまう。のこされた草稿には、つぎのような一節がふくまれていたという。

口承による物語詩の「形式《フォーム》」を精確にとらえ、文字による物語詩の「形式」とのちがいを理解すること――それが私の研究の目的であった。文字をつかわない歌の盛大な伝統のうちで仕事をしている詩人たちを観察し、読むことも書くこともなしに自分の技術を身につけてきた経験が、どんなふうにかれらの詩の形式を決定づけているかを知ること――それが私の方法であった。このようにして得られた「口承形式」の諸原則は、二とおりの有効性をもつ。まず第一に、それらは口承詩の比較研究にとっての出発点として、ある民衆の生活様式がそれ固有の美点をそなえた詩を、どのようにして生みだすのかを知る役にたつだろう。第二に、それらは薄暗い過去の孤立した遺物としてわれわれにもたらされた、いくつかの偉大な詩を研究する役に立つだろう。

このパリーのことばを読んで、私は『昔話の形態学』(一九二八年)にはじまるウラジミール・プロップの一連の仕事を連想した。パリーとおなじころ、プロップをその一員とするロシア形式主義系の学者たちも、やはりスラブの昔話や英雄叙事詩を収集分析することによって、文字による文学とはことなる口承文学に特有の「形式」をとりだし、そこから別の時代・別の民族の口承文学――たとえばホメロスの英雄叙事詩成立の秘密をあきらかにすることができると主張していたのである。直接の影響関係があったのかどうかは知らない。たぶんオーラルなものとその技術にたいする関心が同時多発的につよまった時代だったのだろう。

ロードは、この若くして死んだ先輩学者のフィールド・ワークの成果を一九五〇年代にひきつぎ、ホメロスの作品が文字文明ではなく、あくまでも古代ギリシャの「口承叙事詩の伝統のなかで」成立したものであることを、さらに綿密に立証してみせた。それがロード版の『物語の歌い手』だった。

ここでロードが「口承」というのは、当の叙事詩が成立し洗練されるのに文字を必要としなかったという意味である。「伝統のなかで」とは、それが個人の才能によって成立したのではないという意味である。いままさにアルファベットが社会に定着しようとしていた時代のギリシャで、ひとりの偉大な口承叙事詩の歌い手が、かれの語りついできた歌を、たったいま成立したばかりの新しい文字によって書記に書きとらせた。それがロードの考えるホメロスである。『古事記』の語り手としての稗田阿礼と書記としての太安麻呂との関係を考えあわせてもいいだろう。ホメロスは口承文化と文字文化のあいだの時代を生きた、いわば最後の「物語の歌い手」だったのである。

文字の助けなしで『イリアス』や『オデュッセイア』のような大作が成立するはずがない。おおくの学者たちが腹の底ではそう考えてきたとロードはいう。だからこそかれらは「線文字B」の解読にセンチメンタルにのめりこんでしまったのだと。

しかし、実際にはミュケナイの粘土板記録は行政や物品出納の明細書などにかぎられ、これまでのところ、すこしでも文学にかかわりのありそうな記録は発見されていない。「線文字B」はあくまでも政治と商業のための文字だった。だからこそ、それはミュケナイ文明の崩壊とともにあとかたなくほろび、もともと文字に無縁であった口承叙事詩だけが「暗黒時代」にまで生きのびることができたのである。

ホメロスが生きた時代に、かりに文学のために文字がさかんにもちいられていたとしたところで、それはホメロスが文字をつかったということをなんら意味しない。口承文学は文字文学と共存しうるし、現に共存しているのだ。いつか線文字Bによってしるされた文学作品（文字による叙事詩をふくむ）が発見されたとしても、ホメロスの詩が口承のものである事実にはなんの変わりもない。（ロード版『物語の歌い手』）

私たちは文字による記録が存在しない時代を「暗黒時代」と名づけ、文字の力なしでは人間的な創造活動は不可能であると信じてうたがわない。ちょうど文字をもたないアフリカ人が住む土地を、なんのためらいもなく「暗黒大陸」と呼んでしまうように。そのことのうちに、文字に至上の価値をおくわれわれの文明の性質が思わず知らず反映させられているとロードは主張する。たしかに文字は世界をあかるくした。しかし、だからといって、文字のない社会が闇にとざされていたということにはならないのだ。

ヴェントリスによる「線文字Ｂ」の解読は、それまでホメロス学者のうちにあった対立——すなわち文字なしでは文学の創造はありえないとする考え方と、口頭伝承のみでも可能であるとする考え方との対立を一挙に露呈させた。

しかし、この論争は、かならずしも「文字か口承か」という水準だけでたたかわれたのではない。その底に、もう一つの、いっそう本質的な対立が横たわっていた。

文字の創造力を重く見る人びとには口承の創造力を頭から否定してかかる傾向がある。それに対して、口承の力を重く見る人びとの側は、まず文字がもつ力をみとめた上で、文字による文学と口承による文学とは共存することができるし、現にそうしてきたではないかと考える。自分たちのものとは異質な「詩学」にたいする寛容と非寛容——本当の対立は、むしろ、こうした両者の態度のちがいのうちにひそんでいたのではないか。いまだっておなじこと。私をもふくめての活字メディアによって生きる者は、しばしばおセンチの度がすぎて、自分の趣味や信念や職業をおびやかすかに見える非活字メディアに対して絶対不寛容の姿勢をえらびがちなのだ。

ミルマン・パリーからアルバート・ロードへとひきつがれた研究は、ホメロス叙事詩を口承の文法によって読みとく道をひらいた。それによって、いまなお粘土板ホメロスの発見に夢を託す学者たちの数はぐんと減ったかに見える。

しかし口承の創造力を再評価することは、口承の力を至上の高みに押しあげて、文字がもつ力をその下位におくこととはちがう。文字の専制にとってかわる新しい絶対主義の主張ではなく、口承派の学者たちが説くのは口承文化と文字文化との共存可能性である。したがって、かれらは自分の理論のうちから、はじめ文字によってしるされていた物語が口承文化の領域に移され、そのことによって異質な力を獲得するにいたる可能性を排除したりはしない。たとえば、ときとしてマーク・トゥエインの『王子と乞食』が口頭の昔話として語られたりするごとく、「文学作品が口承文化の変化の軌道の中にひっぱりこまれることがある」と、さきほども名前をあげたプロップが『口承文芸と現実』（斉藤君子訳、三弥井書店）のなかで書いている。

この場合、（それは）口承文芸なのか、文学なのか。答はすこぶる単純である。たとえば、もし小説や伝記が原文と寸分たがわず暗唱して語られたり、「黒いショール」がプーシキンの書いた通り、正確に歌われたり、あるいはネクラーソフの「行商人」からそのままそっくり歌われたとすれば、その場合は舞台かどこかからでてきた俳優（の演技）との違いは原則的にはほとんどない。しかし、このような歌が変化し、違うように歌われ、類話を作りはじめるやいなや、その変化の過程は口承文芸研究者の研究の対象になりうる。

いったん文字に記された物語は原則的に不変であるのに対して、口承による物語はかならず変化する。それがどんなに小さく急激なものであろうと、あるいは「地質学的プロセスのように」大きくゆっくりしたものであろうと、いずれにせよ、口頭伝承のテキストは一定の法則にしたがって変化してゆかざるをえないのだ。そして、その変化をうけいれるならば、文字で書かれた物語もいずれは口承文芸に特有の形式《フォーム》をそなえることになるだろうとプロップは考えた。つまりそういうこと。トリュフォーの読みは、やっぱりまちがっていたのである。

ブラッドベリは本が禁止された世界を想像したばかりではなく、その「禁止令をくぐり抜けて生きる方法、すなわち書物が禁じられたら書物を暗記してしまえばいいということを考え出した」(山田宏一『わがトリュフォー』ケイブンシャ文庫)――そこが『華氏四五一度』のすばらしいところだとトリュフォーは語っている。そのように考えて、かれはあの堂々めぐりのラストシーンを構想した。

しかし、もしもトリュフォーがいうように、ブックマンの目的が本を「暗記」によって保存しようとする点にあったのだとしたら、残念ながら、かれらのこころみはかならず失敗するだろう。パリーやロードやプロップの考え方にしたがうならばそうなる。ブックマンが暗記した本は長い伝承のプロセスで他の本とまじりあい、かれら（と、その後継者たち）が通過していく土地や時代の意識的・無意識的な影響をうけて、遠からず、もとのかたちを失ってしまうはずなのだから。

そうした変形を拒否したいと願うならば、ブックマンたちは大いそぎでかれらのオンボロ印刷機にスイッチを入れて、かれらが大切に暗記してきたテキストを紙に印刷してしまわなければならない。にもかかわらず、かれらはそうしなかった。つまり、かれらは文字によってつくられたものの運命を口頭伝承の詩学にゆだねたのである。トリュフォーとは反対に、私はブックマンのこちらの決断のほうを重視したい。「文学作品の読者が、あらゆる権限を奪われた検閲官・批評家であるとするなら、口承文芸の聴き手は潜在的な未来の語り手である」とプロップはいう。これが『華氏四五一度』のその後にやってくる世界である。

3　『坊っちゃん』の変形

長谷川四郎は『坊っちゃん』のつづきを芝居にしたいと考えていたらしい。かれが死ぬまえに、「給金がぐんと安くなって、家賃がぐんと高くなって、まだ江戸の名残りをとどめる東京へまいもどって市電の技師になった都市プロレタリアートが、わが坊っちゃんなのである」(『ところで今は何時かね』ぼくの伯父さんの会)と書いているのを読んだことがある。

――なるほどね。でも、ちょっと都合がよすぎるみたいでもあるな。

そう思って原作をめくってみたら、最後のページに、「その後ある人の周旋で街鉄の技手になった。月給は二十五円で、家賃は六円だ。清は玄関付きの家でなくなっても至極満足の様子であった」としるされてあった。新時代の東京における「都市プロレタリアート」としての坊っちゃん。かならずしもガンコな老革命派としての長谷川さんが、わが田に水をひいただけの話ではなかったのだ。

もともと物語が終ったあとのことが気になるたちである。それやこれやで、先日、『水牛通信』という小雑誌の「演劇時評」を書こうとしていたら、不意に、この長谷川四郎の『坊っちゃん』論が記憶の底からとびだしてきた。時評といっても、あいにく今月は芝居を一本も見ていない。そこで――。


散歩の途中、荻窪の八幡神社境内で芝居をやるというポスターを見かけたので、のぞいてみることにした。「聴耳頭巾」という未知のグループの『ボチャーン！』――演出はイタロ・カツーノとある。

せまい境内いっぱいに黄金色のテントがはってある。鳥居のそばで、近所の台湾屋台「瑞鳳」のおやじさんを見かけたので、いっしょに入ることにした。方三間の張りだし舞台。それをかこんで七、八十人の観客たち。老人と子どもが多い。赤いフンドシをしめた大きな男がドラを叩く。ボジャーン！　すかさず、シモフリのツメエリみたいな衣裳をつけて、十人ほどの男女がゾロゾロ登場してきた。

その十人ほどの男女がコンピュータ制御の楽器らしきものを鳴らしながら、一人で、数人で、ときには全員で、ふしぎなリズムをもった語り物をゆっくりと語りはじめる。おや、呉茂一訳の『オデュッセイア』みたい。しかし、ホメロスの叙事詩に「トビオリのボチャーン」とか「ササアメのキーヨ」なんて奴がでてきたっけ。

「これ、なんです？」とおやじ。

「わかりません」と私。

しかし、「ボチャーン」が「キーヨ」に見送られて、「いと迅《はや》きシンカン船」に乗りこみ、長い放浪の旅に出る場面に及んで、やっと私にも見当がつきはじめた。ははあ、これはあれだな。長谷川さんとはちがうけど、でも、これまた、なんらかの法則にしたがって変形させられた『坊っちゃん』の物語なのだ。ほらほら、案の定、「イッセンゴリンのヤマアラシ」が出てきたじゃないか。

芝居がはねたあと、「瑞鳳」をのぞいてみた。八幡さまの鳥居を出たすぐ右手にある一間間口の小さな店である。そのL字型のカウンターの奥で、ブタの耳をサカナにやせた中年男がコーリャン酒をあおっていた。私もカウンターに尻をおろし、注文したビールとソーセージが出てくるのを待っていると、なにかブツブツつぶやいている男の声がきこえてきた。

「……失敗だ。みんな退屈していた。ひどい失敗だ」

もしかしたら——。

「あなた、イタロ・カツーノさんじゃないですか？」

やっぱりそうだった。「失敗というのがいまの芝居のことだったら、そんなことないですよ。私は大いにたのしみました」といってやると、よろこんだかれは自分の演出意図について長々と説明をはじめた。

「坊っちゃんという主人公のその後ではなく、私は『坊っちゃん』という小説のその後に関心があったんです。遠からず本というものはなくなります。そう私は確信しています。それは文字がなくなるからです。教育制度が崩壊し、エレクトロニクス文明が成熟していくなかで、やがて、われわれの子孫は読み書き能力を失うでしょう。私はそのことを悲しみません。むしろ歓迎します。そのとき『坊っちゃん』は活字文化の世界に別れをつげて、口承文化の世界に移行します。文字のない世界で、何十年、何百年にわたって口から口へと語りつたえられているうちに、『坊っちゃん』は巨大な叙事詩的ファンタジーに変質してしまうはずです。故郷をはなれたヒーローの放浪と苦難と帰還と復讐の物語ですね。作者のナツメが熱心な寄席ファンだったことに注意してください。もともと『坊っちゃん』というのは口承文化と文字文化とのあわいに成立した作品だったんです。近代作家たちが口承文化から奪いとった富は、ふたたび口承文化の世界にもどしてやらなければなりません。そう考えて、私はあの芝居を演出しました。そうですか、わかっていただけましたか」

そんなご大層なシロモノでしたっけと思ったが、口には出さなかった。酔っぱらいと議論するのは苦手だ。今晩のビールは、これ一本だけにしようと心にきめた。

（『水牛通信』一九八五年十二月号）

といった次第で、その夜は早目に「瑞鳳」を逃げだしてしまったのだが、でも、イタロ・カツーノ氏の妄想にもそれなりの理由がないわけではないのだ。あまり遠くない未来、もし日本で『華氏四五一度』と同様の事態が起ったとしたら、と仮定してみよう。ファイアマンによる監視の眼を逃れたこの国のブックマンたちは、はたしてそこでどんな本を記憶にとどめようとするだろうか。夏目漱石作『坊っちゃん』というのはわるい選択ではないと思う。

ブラッドベリの短編「第二のアッシャー邸」の主人公が語るところによれば、近未来に想定されたアメリカ合衆国において、すべての幻想文学を焼却炉で焼きつくしてしまった道徳風潮局もリアリズム小説には甘く、ヘミングウェイの『誰がために鐘は鳴る』だけでも三十数回にわたって映画化されたということになっている。

ほとんどの日本人にとっての『坊っちゃん』は、ほとんどのアメリカ人にとっての『誰がために鐘は鳴る』よりもはるかに親しい作品であろう。それがいつのまにか叙事詩的なファンタジーに変質しているというあたりも、いちおうもっともらしい。口承叙事詩の世界の特質は、何十年、何百年にわたって口から口へと語りつたえられているうちに、いかなるリアリズム小説をも巨大なファンタジーに変質させてしまう点にある。漱石であろうとヘミングウェイであろうと、この変質過程から逃れることはだれにもできないはずなのだ。

坊っちゃんは明治維新によって滅びた江戸旗本の子だか孫である。すなわち、かれは零落した「貴種」のひとりとして海を越え、裸体に赤フンドシ、ことばもよく通じない野蛮人が住む他国で数々の試練に耐えなければならない。故郷では清が主人公の身を案じている。『オデュッセイア』のエウレリュクレイアにせよ、幸若舞『百合若大臣』におけるカドワキの翁の女房にせよ、母親がわりの忠実な乳母（清がそうであるように、彼女たちもまた没落した名家の子女である）というのは古い英雄叙事詩に欠かすことのできない重要な登場人物なのだ。私は納得した。来たるべき日本のホメロスにとって、もしかしたら、この『坊っちゃん』以上にふさわしい物語はないのかもしれんぞ。

仮に『坊っちゃん』が長い口頭伝承の過程におかれたとして、数十年、数百年ののち、それはどんなふうに変形してしまっているだろうか。パリーやロードがあきらかにしてきた口承叙事詩の詩学をたよりに、主人公の坊っちゃんが新米の数学教師として松山に赴任する東京駅の場面の翻案をこころみたい。「土産はなにがいい」と坊っちゃん。「越後の笹飴が食べたい」と清。「おれの行く田舎には笹飴はなさそうだ」「そんなら、どっちの見当です」「西の方だよ」

「箱根のさきですか手前ですか」などなどあって——

出立の日には朝から来て、色々世話をやいた。来る途中小間物屋で買って来た歯磨と楊子と手拭をズックの革鞄に入れてくれた。そんな物は入らないと云っても中々承知しない。車を並べて停車場へ着いて、プラットフォームの上へ出た時、車へ乗り込んだおれの顔を昵《じっ》と見て「もう御別れになるかも知れません。随分御機嫌よう」と小さな声で云った。目に涙が一杯たまっている。おれは泣かなかった。然しもう少しで泣くところであった。汽車が余っ程動き出してから、もう大丈夫だろうと思って、窓から首を出して、振り向いたら、やっぱり立っていた。何だか大変小さく見えた。

ホメロスの場合、「きらめく眼《まなこ》の女神アテーネー」とか「謀計《たくらみ》ゆたかなオデュッセウス」とか、ほとんどすべての固有名詞に特定の修飾語や修飾句がついている。口承叙事詩文法の第一規則「エピテトン」。一種の枕ことばであり、それによって聞き手の想像世界のうちで登場人物たちの印象がはなやかに固定される。

この規則に準じて、長期間かつ広範囲にわたる伝承の過程で、たとえば坊っちゃんの呼び名が「親ゆずりの無鉄砲の坊っちゃん」に、清が「忠実な乳母の清」に変化していくであろうことは、まずまちがいのないところと思われる。もちろん「トビオリのボチャーン」とか「ササアメのキーヨ」であったとしても、いっこうにかまわない。「槍の権三」「緋牡丹お竜」といった、おなじみの二つ名前を想起していただきたい。こうした変化をむげに押しとどめるがごとき要因は、私たちの文化伝統のうちには存在しないのである。

そして第二規則、「きまり文句《フォーミュラ》」の多用――。

パリーやロードの定義によれば、「きまり文句」とは「所与の基本主題を表現するために同一の韻律的条件のもとで規則的にもちいられるひとかたまりの語」を意味する。ホメロス叙事詩では、ほとんどすべての場面や状況にあわせて、この「ひとかたまりの語」――既成のいいまわしが用意されている。

たとえば、夜があけて朝になるのは「ばらの指をした暁の女神が立ち現れる」である。だれかがだれかに話しかける。「翼をもった言葉をかけていう」である。こうした短い文句だけではない。伝統的な叙事詩人の頭のなかには、起床や就寝、各種の労働、酒宴、戦闘、儀式その他、ありとあらゆる場合を想定した長短さまざまの「きまり文句」が大量に溜めこまれていた。「……さらに船をすすめた、心に痛みを抱きながら」――主人公の旅だちによって一つの場面がおわり、つぎの場面に急速に移行していくさいの定型的ないいまわしである。

とりあえず、この二つの規則にしたがって、さきほどの一節をホメロス叙事詩のスタイルに翻案してみよう。「停車場」とか「歯磨」とかの語は漱石の原文のままとし、その他すべての表現は呉茂一の訳文（岩波文庫版）によって、ホメロスの「きまり文句」をそのまま利用することにする。どの一行も既成のいいまわしの借用であり、あたらしく私が工夫した文章は一つもないというようにしたい。

さて、ばらの指をした暁の女神が立ち現れると、親ゆずりの無鉄砲の坊っちゃんに付き添い、忠実な乳母の清がまめやかな心づかいに、

かねて用意の歯磨と楊枝と手拭をズックの革鞄に入れてよこす。その鞄を肩からズッと斜めに掛けわたし、

停車場に現れた坊っちゃんの面持ちは神とも見まがうほど。その姿を見てプラットフォームの乗客たちは、みな驚いて目をみはった。

忠実な乳母の清は、いとしい若者の身のまわりに両腕を投げかけ、その頭とキラキラしい両の眼の輝きに接吻しつつ、

泣きじゃくりながらも、かれに翼をもった言葉をかけていうよう、「もう御別れになるかも知れません。随分御機嫌よう」

かように声をかけはしたが、親ゆずりの無鉄砲の坊っちゃんの答えは翼をもたず、心中

いよいよ悲嘆をふかめはしたものの、
けっして眼瞼《まぶた》から涙を地にこぼすことなく、ただ黙って首をふり、胸中ふかく旅の無事を八百万の神々に祈っていた。
やがて坊っちゃんは車に乗りこむ。きつく吹き鳴りわたる熱い蒸気に、鋼鉄を敷きのべた地面は沸きたち、
高らかな叫びをあげた。こうして、いと迅き列車は日の沈むまでも、一直線に突きすすんでいった、心に痛みを抱きながら。

以上のいいかえに要した時間がほぼ一時間半。あんまり簡単すぎて気がぬけた。いかに大量の「きまり文句」が用意してあるといっても、見送る女の涙はいいとして、ひとり旅だつ主人公がぐっと涙をこらえるといった微妙な情景まで、すぐに適切な表現が見つかるなどとは考えてもいなかったので。ただし一つだけ、「鋼鉄を敷きのべた地面」という箇所だけは、やはりホメロスが好んでつかう「青銅を敷きつめた大空」という表現に手をくわえさせてもらった。お手本が青銅時代を舞台にした作品なのだもの、そこに「鋼鉄」などという語が登場するわけがないのだ。
それにしても大変なシステムではないか。私は感心した。ホメロスの詩行のうちの九〇パー

セントは、多少なりとも重複して使用される「きまり文句《フォーミュラ》」なのだという計算がある。古代ギリシャの「物語の歌い手」たちは大まかなプロットを頭に入れておきさえすれば、あとはこれらのできあいの表現を修正しつつ組みあわせていくだけで、どんな条件の下でも大きな叙事詩を自在にものがたることができた。そうした「詩学の実際技術」が、きちんと存在していたのである。文字にたよることなく、どうやってかれらは『イリアス』や『オデュッセイア』のような物語を生みだし記憶しつづけることができたのか。その謎をとく鍵がここにある。

文字の消滅とともに人間の記憶能力も失われて、『華氏四五一度』の主人公夫婦は、もはや自分たちがいつどこで出会ったのかを思いだすことすらできない。そうブラッドベリは書いていた。

しかし、この設定は正確とはいえない。文字にはじまる外部装置に記憶をあずけてしまった私たちなどよりも、最初から文字をもたない人びとのほうがはるかに強靭な記憶力をそなえている。それはすでにパリーやロードのフィールド・ワークが実証したとおり。

しかも記憶は暗記とはちがう。古代ギリシャやユーゴスラヴィアの「物語の歌い手」たちは、かれらがものがたる長大な叙事詩をまるごと正確に暗記していたのではない。かれらが暗記していたのは長短幾千もの「きまり文句」のほうなのだ。それらの既成のいいまわしを的確に組みあわせていくことで、かれらは「アトレウスの息子アガメムノーン」や「謀計《たくらみ》ゆたかなオデユッセウス」の冒険譚を、幾世紀にもわたって脈々と語りつぐことができた。それがかれらの記憶術だったのである。当然、来たるべきホメロス、未来のブックマンたちも、愛する本を丸暗記するような非能率なやり方は避けて、これに類する記憶術を独自に開発していく道をえらぶことになるだろう。

エピテトンや「きまり文句《フォーミュラ》」のほかにも、ホメロス叙事詩を特徴づける技法はいろいろある。たとえば「六歩格《ヘクサメター》」として知られる韻律があり、たくさんの物や人名をリズミックに羅列していく「カタログ技法」がある。それらすべてがかれらの記憶術をかたちづくっていた。

もちろん日本の口承文芸にも「きまり文句」の詩学はあったし、七五調、対句表現、擬声音などによって特徴づけられる諸形式があった。『平家物語』の「源氏揃ひ」や「朝敵揃ひ」に代表される「カタログ技法」だってある。そうした伝統的な詩学や形式の影響は、かならずや口頭伝承化された『坊っちゃん』にも及んでいくであろう。イナゴ騒動や赤シャツ征伐の場面を豪快な金平浄瑠璃のスタイルで語りなおす。ホメロスの手を借りるよりも、もっと簡単にやってのけられそうだ。となれば、その変形も、とうていこんな程度のことで終るはずがない。

それだけではない。いま私がこころみた翻案には、未来のブックマンたちが通過していく時代や土地の痕跡が見あたらない。口承叙事詩の詩学に照らしてみるならば、これは絶対にありえない事態なのである。

　さきほど私は『オデュッセイア』にせよ『百合若大臣』にせよ、母親がわりの忠実な乳母というのは英雄叙事詩に特有の登場人物だったとのべたが、それはかならずしも偶然の一致だったのではない。「ユリシーズ」と「ユリワカ」という音の類似が示唆しているように、この時間と空間をへだてた二つの作品のあいだには、なんらかの具体的なつながりがあったらしい。こうした類似に最初に着目した坪内逍遥は、おそらくは『オデュッセイア』が口承の伝播ルートにのって、まっすぐ日本にまでつたわってきたのだろうという仮説をたてた。この仮説はのちに否定されたが、それでも、ユーラシア大陸のどこかで成立した原話が西と東とに別々にひろがって、『オデュッセイア』と『百合若大臣』という二つの作品に成長した可能性はまだ完全には消えていない。

　オーラルなものの伝播力は信じられないほど大きい。そしてプロップがいうように「口承文芸の聴き手は潜在的な未来の語り手」なのだとすれば、いくつもの時代、いくつもの土地における聴き手＝語り手の経験が原『坊っちゃん』の世界を侵蝕し、ゆっくりとそれを歪めていくのは当然のなりゆきであろう。

　たとえば「青銅時代の作品に鋼鉄の語が存在するわけがない」と私は書いたけれども、じつはホメロスの世界にも、ごくわずかではあるが鉄が登場してくる。この「時代的に違う生活様式の併存」は、一つの時代の生活様式が「きまり文句」のかたちで後世につたえられ、そこに「新しい文化と生活様式に基いた新しいきまり文句や話題が次々に加えられ」ていったことの直接の結果なのだ。そう高津春繁が『ホメーロスの英雄叙事詩』（岩波新書）で論じている。なるほど、それでわかったぞ。あのイタロ・カツーノ氏の「いと迅《はや》きシンカン船」にしても、きっと、その種の付加作用にもとづく「時代の違う生活様式の併存」の一例だったのだろう。

いったんは紙に印刷された本として成立した作品が、のちに口頭伝承の過程にうつされ、そこでいちじるしい変貌をとげていく例は過去の日本にもあった。たとえば九州五島のキリシタンのあいだに語りつたえられてきた『天地始之事《てんちはじまりのこと》』の場合がそうだ。

一五九〇年、天正少年使節とともに再来日したヴァリニャーノ神父が、はじめて長崎にヨーロッパ式の活版印刷機をもちこみ、それによって百数十種（推定）のキリシタン本を刊行した。しかし、かれの出版活動はその後のキリシタン大弾圧によって、一六一〇年の『こんてんつ・むんじ』を最後に打ち切られてしまう。

だが、ファイアマンの弾圧に抗するブックマンたちの活動はここにも存在した。地下にもぐった漁師や農民を中心とするキリシタンの一党が禁じられた書物を口頭によって伝承しはじめたのである。

そして谷川健一の『わたしの「天地始之事」』（筑摩書房）によれば、この二百五十年におよぶ禁教期間中に、もとのテキストを仏教的・神道的な「日常周辺に存在する伝承」が徐々に侵蝕していく。ノアの洪水が津波に没した孤島伝説におきかえられ、精霊が蝶々となってマリアの口中にとびこむ。こうした混淆の結果、イエズス会の宣教師たちが翻訳出版したキリスト教文書は、和漢洋の伝承が複雑に入りまじる汎神論的な語りものに変容してしまった。それが江戸時代末期にひそかに文字にうつしとられて、いまあるかたちでの『天地始之事』のテキストが成立する。「いっさいの指導、援助を絶たれた日本の民衆が、自力で思想を構築しようとした感動に値するけなげなふるまい」と谷川はしるしている。

文字から口承へ、数百年の時間をへだてて、もういちど文字へ――。

線文字Bや粘土板ホメロスをもちだすまでもなく、じつは、おおくの古典学者たちが想定したホメロス叙事詩の運命の小さなモデルともいうべき過程が、この国にもしっかり存在していたのである。とすれば、この経験を未来に投影して、われわれの身丈にあったブックマンのたくらみを想定することだって、けっして荒唐無稽な話とばかりはいいきれまい。

この章を書きすすめるうちに、私は『坊っちゃん』という作品そのものが、くりかえし利用可能な、いくつもの設定（いわば「きまり文句」）を後世に残している事実に気づいた。国家が管理する学校という近代施設に「無鉄砲」な主人公がのりこんでいく。日和見的な校長やずるがしこい教頭などの人物類型、職員会議や宴会や下宿などの諸場面――石坂洋次郎の『青い山脈』からテレビの『金八先生』にいたるまで、おおくの作品がこれらの設定をそのまま借用することによって成功してきた。日本の近代文学史のなかで、こんな作品は他に例がない。『坊っちゃん』の底には、かつての禁じられたキリシタン文書にも匹敵する口承の潜在力が溜めこまれている。遠慮は無用。イタロさんよ、心やすらかに酔っぱらいたまえ。

4　新しい文字

ローマン・カトリックの教理書『どちりいな・きりしたん』が平仮名の木活字本として刊行されたのが一五九一年である。九年後には仮名漢字まじり文、金属活字による再版がでた。したしみやすい問答体だったせいもあって、「階級の上下を問わず、すべてのキリシタンにとって必読の書であり、（信者たちの）多くは（それを）暗誦していた」（岩波日本思想体系『キリシタン書・破耶書』解説）という。『天地始之事』伝承がスタートする場所には、この天草本『どちりいな・きりしたん』があった。そして文政年間に成立した写本にもとづく現行の『天地始之事』は活版印刷である。すなわち仮名漢字まじり文、金属活字による活版印刷という点に関するかぎり、二百五十年、いや、三百年をこえる口頭伝承のはじめにあった本も、そのおわりに出現した本も、ほぼ同一の道具や技術の産物だったことになる。

しかし、私が思いえがく『華氏四五一度』後日談は、とてもこんな程度のことでは終ってくれそうにない。以下、『火星年代記』の冒頭におかれた「イラ」の、地球人が侵略してくる以前の火星ユートピアにおける読書の光景を手がかりに、ブックマンの数百年におよぶ放浪のおわりに出現するであろう本のかたちを推定してみよう。

午後になると、化石の海はあたたまり、ひっそり静止し、庭の葡萄酒の木はかたくなに突っ立ち、遠くの小さな火星人の骨の町はとざされ、だれ一人戸外に出ようとする者はない。そんなときK氏は自分の部屋にとじこもり、金属製の本をひらいて、まるでハープでも弾くように、浮き出た象形文字を片手で撫でるのだった。指に撫でられると、本のなかから声が、やさしい古代人の声が語り始めた。まだ海が赤い流れとなって岸をめぐり、古代の人々が無数の金属製の昆虫や電気蜘蛛をたずさえて戦いに出かけた頃の物語を。（ハヤカワ文庫SF、小笠原豊樹訳）

ブラッドベリはここで火星の象形文字をこの上なく好ましいものとしてえがいている。ゆたかな想像力をもち、自然や宇宙とゆるやかに共感する能力をそなえた人間以上に人間的な存在。それがかれの火星人である。かれらは眼ではなく手と耳によって本を読む。しかも、その本は金属でできている。おそらくそれは地球のそれよりもはるかに精妙な、抑圧的でない、なんらかのエレクトロニクス装置なのだろう。

こうした記述を『華氏四五一度』の最終場面にかさねてみれば、この時期のブラッドベリが、やがて到来するであろう新しい文字文明をどのようなかたちで想像していたのか、おおよその見当はつくような気がする。その文字はアルファベットとは異質な、視覚的のみならず聴覚的にも濃厚な物質性をそなえた、いわばエレクトロニクスによって強化された象形文字といった性質のものになるにちがいない。

ブラッドベリには古風な活字愛好者としての一面があった。パリーやロードと同学の古典学者エリック・A・ハヴロックの分類法を借りていえば、もともとホメロスよりもプラトンにちかいタイプの人物だったということになろうか。

ロードの『物語の歌い手』に数年おくれて、エリック・ハヴロックも口承文化が文字文化にとってかわられる時期の古代ギリシャを扱った一冊の本を書いている。一九六三年に刊行された『プラトン序説』（ハーヴァード大学出版部。邦訳は新書館、一九九七年）がそれである。

この書名が示すように、ホメロスをその重要な一部分とする口承文化の伝統の側にたつパリーやロードとちがって、おなじ時代をハヴロックは文字文化とその最初の代表者だったプラトンの側から見ようとした。古代ギリシャ人にとってのホメロス叙事詩は、歌う学校、部族の百科辞典として、たしかにすばらしい力を発揮していた。でも、いいことばかりだったのではない。口承の記憶術のかなめをなす「きまり文句」が、人々の思考や精神のすべてを支配してしまった状態を想像してみてほしいとハヴロックはいう。ぶあつい固定観念の霧に押しつつまれて、当時のギリシャ人はごく大ざっぱにしかものを考えることができなかった。こうした口承の時代のおわりにかさなって、アルファベットの時代が到来する。そしてプラトンを先頭とする文字で考える哲学者たちが、それまでの叙事詩人にかわる新しい時代の民衆教育の担当者として登場してきた。

フェニキア人が発明したアルファベットの導入によって、ギリシャ人は、ようやく正確な記憶と思考のための道具を手に入れることができた。この過程を要約して、ハヴロックは「具体的なものから抽象的なものへの移行」と呼んでいる。のちにそれを活字の発明が一挙に加速させて今日にいたる。アルファベットによって書かれた本が人類にもたらしたものを否定することは、人類の可能性をまるごと否定することにひとしい。ひとつにはそうハヴロックとともに考えたからこそ、ブラッドベリも予想しうる本の不幸に対抗して『華氏四五一度』の執筆を思いたったのだろう。

しかし、そうはいうものの、ブラッドベリはただ素朴なだけの活字マニアだったのではない。

一九五五年に刊行された『10月はたそがれの国』中の短編「ダッドリー・ストーンの不思議な死」を読むと、かれには同時に、はげしい活字批判者としての別の一面もあったらしいことがわかる。

この小説のなかで本を焼くのはファイアマンに代表されるような外部の力ではなく、それらの本を書いた作家自身である。

「かつてのわしは生きるために書いておった。しかし、それよりもまず生きたいのだ。わしはいろんな連中と握手をして、目と鼻と口、耳と手とで、生きることにした」（創元SF文庫、宇野利泰訳）

かがやかしい認識の地平を人間にもたらした「具体的なものから抽象的なものへの移行」が、その裏側で、人間と人間、人間と自然との共感能力、経験する力を徐々におとろえさせていく。こうして二十世紀後半、とうとう文明の野蛮状態がおとずれた。アルファベットはやがて、それがはぐくんできた攻撃的な近代ヨーロッパ文明とともに滅びるべくして滅びるだろう。そう予感するからこそ、なかばブラッドベリでもあるところの作家は自作を火に投じることをためらわなかったのである。

焚書に抵抗して森にたてこもるブックマンがいて、その対極に、みずからすすんで本を焼きすてる廃業作家がいる。

「そんなの矛盾ですよ。あなたは本当はどっちの立場をえらぶんですか？」

そう読者に問いつめられたブラッドベリが、どうこの問いに応じるかを考えてみた。

「もちろん矛盾してますよ。でも、いい矛盾なんじゃないですか？」

おそらくかれはそんなふうに答えるのではないだろうか。

本によって生きるしかすべがない本人間のくせに、もし本がほろびなければならないのだとしたら、その理由は本の外側だけではなく内側にも準備されているはずだと確信している。そして愛する文字を捨て、そのことによって文字の力をよみがえらせようとする。

この相反する二つの要求に一つの仮説によって応えようと思えば、ハヴロックがいう「具体的なものから抽象的なものへ」の運動だけではなく、「抽象的なものから具体的なものへ」という逆方向の運動をも同時に保証しうるような新しいメディアが必要になる。それが「火星の本」である。もしくは、火星の象形文字である。アルファベットという表音文字によって生活している欧米人には、象形文字がもつ（とかれらが信じている）物質性に対するつよいあこがれがあるようだ。ブラッドベリも例外ではない。いくばくかのエキゾティシズムをもふくめて、かれはローマ字アルファベットとは異質な遠方の文字システムに心ひかれ、エレクトロニクスの力を借りてそれを自分たちの手もとにひきよせようと夢みたのだろう。

シュメール文字やエジプトのヒエログリフや中国の漢字がそうであるように、象形文字は人類が手にした最古の文字だった。

だがハヴロックの論をまつまでもなく、ひとつの言語を象形文字だけでまかないきることはむずかしい。象形文字の物質性を保持しつつ、高度に抽象化された概念をも同時に表記しうる強力な文字がいる。

と、もしもブラッドベリが本当にそのように考えて、かれの「エレクトロニクスによって強化された象形文字」を発明したのだとすれば、それは「電気によって強化された口頭コミュニケーション」というマーシャル・マクルーハンの考え方に似てくる。マクルーハンは一九六四年に刊行した『人間拡張の論理――メディアの理解』(竹内書店新社)で、アルファベットを「ホット・メディア」に、象形文字や表意文字を「クール・メディア」に分類した。「クール」と「ホット」とのちがいは、そこに受け手が参加する余地がどの程度まで残されているかによってきまる。


どのようなホット・メディアも、クール・メディアより人の参加の度合を少なくする。たとえば講演はゼミナールより参加度が低く、本は会話より参加度が低い。(略)貨幣、車輪、文字、その他どのような(ホット)メディアも、交換や情報の専門分化を早め、(口承メディアによって支えられた)部族的構造を細分化する。同様に、電気によって起こる場合のように、技術の発展の速度がさらに激しく増すと、緊密な相互関与という、かつての部族的パターンの復活を助けるようになるだろう。（後藤和彦・高儀進訳）

口承によるコミュニケーションの第一の特徴は、情報の発信者と受信者との相互交換性である。プロップが「口承文芸の聴き手は潜在的な未来の語り手である」といったのとおなじ関係を、マクルーハンは「緊密な相互関与」という語で表現した。ながいあいだホットな文字文化の下位におかれてきたクールな口承文化が、電気的・電子的なネットワークの力を借りてよみがえってくる。それがマクルーハンの螺旋状をしたメディア革命のヴィジョンだった。

清水幾太郎に代表されるタイプのブックマンは、本に内在するとされる精神的価値（「具体的なものから抽象的なものへの移行」によってもたらされたもの）を重視し、そこにみずからの「志」によって同一化していこうとする。それが私をもその一員とする伝統的な本人間の読書法である。

しかしブラッドベリが想像した火星人の読書法は、それとはちがう。かれらは金属製の本をひらくと、「まるでハープでも弾くように、浮き出た象形文字を片手で撫でる」のだ。すると、やさしい「古代人の声」が語りはじめる。「火星の本」とは、おそらく、ある種のシンセサイザーのようなものなのだろう。火星人は本を演奏することによって読む。読むことによって古代の伝承をよみがえらせ、変形し、増幅し、それをいっそうゆたかなものにしていく。まるで「技術の加速度的な発展による部族的なものの復活」というマクルーハン仮説を激励するためにつくりあげられた場面みたいじゃないか。そのような場面をホメロスよりもプラトンにちかい、どちらかといえば古いタイプの本人間であるブラッドベリが書いた。もちろん矛盾している。矛盾はよくないことなのだろうか？

マクルーハンの『人間拡張の論理』は一九六五年にペーパーバックになった。その序文で、かれはハヴロックの『プラトン序説』に言及している。じつをいうと、私はそれによってこの本の存在を知ったのである。

それだけではない。つい最近、みすず書房から森常治の新訳がでた『グーテンベルクの銀河系』を読んで、その序文が「本書はさまざまな点でアルバート・B・ロードの『物語の歌い手』の続編的役割をはたすものである」と書きだされていたことに気づいた。「ロード教授の本は、ミルマン・パリーの研究と同様、われわれの時代である電気時代にまことにふさわしい」――おやおや、やっぱりそうだったのか。私がブラッドベリの「火星の本」からマクルーハンを連想したのは、まんざら理由のないことではなかったのである。

ブラッドベリが、『華氏四五一度』や『火星年代記』を書いた一九五〇年代をつうじて、北米大陸には、ロードからハヴロックにいたる幅をもって、口承文化と文字文化との関係を二者択一的にではなくとらえようとする学者たちの運動が存在していた。マクルーハンもこの流れに棹さし、他方で、おなじ時期にめだちはじめた技術革新の動きの影響をうけて、その壮大なメディア革命の仮説をつくりあげたのである。文字の創造力を重視する人びとには口承の創造力をあなどる傾向がある。そうした傾向を「活字メディア」が自力でのりこえることができないとすれば、あとは「電気」の力にたよるしかない。うまくいけば、それによって文字文化と口承文化との総合がなしとげられるだろう、とマクルーハンは考えた。おなじころ、ブラッドベリの「火星の本」をつきうごかしていた希望も、それとさして遠いものではなかったはずなのだ。

一九五〇年代なかばのある夜、ブラッドベリはビヴァリー・ヒルズで犬をつれて散歩する一組の夫婦とすれちがった。女性のほうは片手に煙草の箱ぐらいの小さなラジオをもち、そこからのびた細いコードが彼女の右耳のなかの優雅なレシーバーにつながっている。彼女は夫も犬も忘れて流行歌にききほれ、夢遊病者みたいにあぶなっかしい足どりで歩いていた。ブラッドベリは呆気にとられて、かれらのすがたを見おくった。

「『華氏四五一度』を書くとき、私は四、五世紀のちにやってくるかもしれない世界を書いていたつもりだった。だが、（略）これは小説ではない。われわれの生きているこの社会に、新しく生まれ出た現象なのだ。私は、未来を描くためには、大変なスピードで書かなければならないと思った」(ハヤカワ文庫版の福島正実解説から再引用)

すでにブラッドベリは『華氏四五一度』のなかに、こんにちのウォークマンを先どりしたかのごとき「海の貝」という超小型ラジオを登場させていた。よろこびによる支配をめざす高性能のマイクロ・メディア――それがいま自分の眼のまえで、ほとんど自分が想像したままのかたちで実現されてしまっている!

一九四〇年代のおわりにベル研究所で発見されたトランジスタは、五〇年代にはいると、いちはやく持ちはこび自由な小型ラジオとして商品化された。ブラッドベリがビヴァリー・ヒルズで目撃したのは、たぶんその最初期のトランジスタ・ラジオだったのだろう。

おなじ発見によって五〇年代後半には、それまでの真空管回路をトランジスタ回路にきりかえて、小さく安定した、いわゆる第二世代コンピュータが登場してくる。人工知能の研究が本格的に開始されたのもこの時期のことだ。ヴェントリスが「線文字B」を解読し、アルバート・ロードたちが口承の詩学にとりくんでいた時代は、同時に、エレクトロニクスに基盤をおく未来が眼に見えるかたちで現代を侵蝕しはじめた時代でもあった。未来から来た老婆が「魔法の針」によってほどこしたという十五の刺青――あれもまたエレクトロニクスによって強化された象形文字の一種だったのではないだろうか。

いささか早すぎる未来の到来にぶつかってブラッドベリが感じた不安は、この短い引用文にも色こく反映している。その不安の光にてらしてみるとき、オーラルなものとエレクトロニクスとを直結させるマクルーハン仮説が、いくぶん調子のよすぎるものに思えてくることは否定できない。

マクルーハンがいうような聴き手と語り手との「緊密な相互関与」が、エレクトロニクスによって実現するなどということが本当に期待できるのだろうか。

楽観はできない。すでに私たちの記憶のかなりの部分がエレクトロニクスによって統御された記憶システムにゆだねられつつある。もちろん本も活字も人間の外につくられた伝統的な記憶装置の一種である。ただしコンピュータにくらべれば、その能力はごく素朴な段階にとどまっている。したがって弱い外部記憶装置としての本の一側面をエレクトロニクスによって強化し、本以上の本をつくろうとする試みがあらわれるのも当然のなりゆきといっていい。マクルーハンの希望が空ぶりにおわる可能性はかなり大きいと考えざるをえない。聴き手と語り手との「相互関与」どころか、エレクトロニクスが活字メディアに特有のコミュニケーションの一方向性を逆に強化し、そこに口承的なものをさらに強力に封じこめてしまう事態だって、いくらも予測できるのだから。

マクルーハンのオプティミズムを批判することには理由がある。その点ではブラッドベリの

「火星の本」も同様。そのことは私も否定しない。しかし、だからこそ、と私は考える。実質的なエレクトロニクス時代に突入しつつある現在だからこそ、その前夜ともいうべき一九五〇年代にブラッドベリやマクルーハンがいだいた夢のような希望を、もういちど思いだしてみる必要があるのではないだろうか。

『華氏四五一度』を読んだ清水幾太郎は、「活字メディアが電波メディアに敗れて、地上から一掃されようとしている」と考えて「憂鬱」になった。しかし、もしも活字メディアの名誉ある撤退によってオーラルな文化がもつ「相互関与」の力がいきいきとよみがえってくるのだとしたら、それがそんなに悲しむべきことなのだろうか。

私の眼には、むしろそれ（オーラルな文化の復活）とは正反対の世界が見える。その世界では活字メディアはエレクトロニクスにしてやられたふりをして、だが、文字によってささえられる社会と一体になった活字メディアの特質、コミュニケーションの一方向性だけは頑として維持されつづけるのである。結果として、エレクトロニクスは老いて弱くなった活字メディアの再強化のために奉仕させられ、「技術の加速度的な発展による部族的なものの復活」を夢想した人びとは手ひどく裏ぎられる。つまり見かけのオプティミズムにもかかわらず、マクルーハンやブラッドベリの初発の希望によってその実力をためされることになるのは、活字よりもむしろ、一見したところ無敵とさえ見える若いエレクトロニクスの側なのである。楽観と悲観とのちがいは紙一重。かれらの仮説を私はそのように読んだ。

森のブックマンは紙に印刷された本を捨てた。それを口承の詩学にゆだね、幾世代にもおよぶ放浪のなかで新しい文字の到来を待つことにした。

はたして新しい文字は活字がもっていた制約をこえて、作者と読者との「緊密な相互関与」を実現することができるだろうか。それとも伝統的なメディアの制約のうちにとどまり、それをさらに強化していくだけの役割しかはたすことができないのだろうか。もしも新しい文字になんの期待ももてないのだとしたら、未来のブックマンたちの放浪は永遠につづくことになる。

それがいやなら、いますぐ、かれらの印刷機にスイッチを入れるしかない。

読者の方々よ、あなたならどちらをえらびますか？

そうブラッドベリのラストシーンが問いかけている。

——女か虎か？

わからない。だからこそ私は物語が終ったあとのことを考えるのが好きなのだ。

あとがき

――本や読書についての随筆や批評や対談をあつめて、津野さん式の「バラエティ・ブック」みたいな本をつくりませんか。

国書刊行会編集部の樽本周馬氏からそんな提案を受けて開始した作業が、めぐりめぐって、こんな結果に行きついてしまった。二〇一〇年に不意に燃えひろがった「電子本」騒動のせいが大きい。時節柄、どちらを向いても、せわしないビジネス談義ばかり。おれはね、それとはちょっとちがう意見だぜ、といっておきたい気分に尻を押されたんでしょう。

やや変則的な構成の本になったので、まずはその説明から。

第一部の「書物史の第三の革命」は、この本のための書き下ろし。梅雨のころ取りかかり、酷暑の夏になんとか書き終えた。いまの出版電子化の動きを、そんなにバタバタせず、五千年におよぶ長い書物史の流れのなかでゆっくりとらえなおしてみよう。そういった趣旨のエッセイです。前半は、ボイジャー社のウェブ雑誌「マガジン航」に掲載したものに手を入れました。このさき書くかもしれない（書けないかもしれない）「本と読書の歴史」の予告編という含みもないではない。

第二部の「電子本をバカにするなかれ」には、おもに二〇〇一年から〇五年にかけて、私がかかわっていた『季刊・本とコンピュータ（第二期）』誌に掲載した文章を時系列で並べてあります。その後に発表した文章や講演の記録をいくつか加えました。

そして第三部の「歩く書物」。一九八六年、いまはないリブロポートからだした同題の本におさめたエッセイの再録です。じつは、ここには別のものを入れるつもりで準備していたのですが、仲秋の一夜、いっしょに吉祥寺で飲んでいた樽本さんが「あのエッセイ、この本にぴったりじゃないですか」といいだした。それで帰宅後、もうすっかり忘れていた文章を読みなおしてみたら、いやいや、おどろきましたね。

——本の電子化を長い書物史の流れのなかで考えてみよう。

さきほどそう書いたのとおなじことを、どうやら私は、すでに二十年以上もまえに考えていたようなのです。しかも、こんど書きおろした「書物史の第三の革命」では、「第二の革命」

(写本から印刷本へ)との対比を主にしたので、「第一の革命」(口承から書記へ)についてくわしく語る余裕がなかった。なるほど、もしこれを再録すれば、その欠陥を、いくらかおぎなうことができるかもしれんなァ……。

といったしだいで、私は樽本提案によろこんで同意することにしました。すでに同書をお持ちの方には申しわけないのですが、いまは、けっこう入手しにくい本になっているようなので、どうぞ、ご勘弁のほどを。

一九八六年というと正確には二十四年まえ。私は四十代で、パソコンはまだ持っていません。もちろんマルチメディアやインターネット以前、マッキントッシュで辛うじて日本語が使えるようになったばかりの時期の話です。とうぜん電子本についても、もっぱら幻想として語るしかなかった。そして電子本草創期、苦闘の九〇年代をへて二十一世紀にはいると、その幻想がにわかに現実性をおびはじめ、いまや、こぞって「電子本元年」の到来を言祝《ことほ》ぐにいたったと——。結果として、その二十四年間を逆にたどるつくりの本ができてきた。すべて樽本さんのおかげです。

なにしろ二十四年間ですから、そのときどきでの私の意見にも多少のズレがあります。でも全体として見ると、けっきょくおれは、いつもおなじことしか期待していなかったんだな、という印象がつよい。はげしい「切断」のうちにも可能なかぎり「連続」の契機や痕跡を見いだしたい。いや見いだせるはずだ。そういう期待ですね。いろいろありますけれども、ここでは四つだけあげておきます。

①いまの本や出版の電子化を、書物史、さらにいえば人類の茫々たる文化史・文明史の流れのうちに位置づけ、それを研究者やジャーナリストや企業人のことばとは別の性質のことばで語るべくつとめる。

②「電子本が勝って印刷本が負ける」といった類いの単純な見方はとらない。そうではなく、本が歴史上はじめて二つの流れに分岐し、印刷本（物質の本）と電子本（物質ではない本）という二系統の本の長い共存の時代がはじまったと考える。

③これまで印刷本には「社会の知の水準を粘りづよく保持する」という重い責任が負わされてきた。その責任をこれからは電子本も分担することになる。それがやがて電子本が本の伝統をひきつぐ正統性の根拠になっていくだろう。そのことなしでは、つまりビジネス・レベルだけでは「電子本の時代」はスタートしえない。（電子本の力をバカにするなかれ。まだまだ「元年」などではないぞ）

④本や読書の習慣がほろびることはない。ただし私たちが生きた二十世紀という時代は、五千年をこえる本や読書の歴史のなかでも、きわだって特殊な（例外的な）時代だった。私たち

が当然のこととしている本や読書についての考え方も、この特殊な時代の気風を色こくひきずっている。そのことをさめた頭でみとめる必要がある。

——とまあ、そんなあたりでしょうか。多少は過激な面もありますが、どちらかといえば、ごくあたりまえの保守的な考え方です。じぶんではそう思っています。

おっと、ほかにもう一つ、これまで企業や大学などによって支えられ権威づけられてきた本の世界のそとに、これからは、それらとは別の基盤をもった本の世界がいやおうなしにひろがっていくだろう。その点も忘れるわけにはいかない。ようするに第二部の冒頭で強調した「無料情報の広大な海」の世界ですね。

一例として、これは当初、第三部で触れる予定だったのですが、アメリカのコンピュータ科学者、ブリュースター・ケールが推進してきた大規模な「オープン・ライブラリー」や「インターネット・アーカイブ」計画があります。アップルやグーグルやアマゾンのアメリカだけがアメリカなのではない。本書と前後して、ケールたちの新しい同志でもあるボイジャーの萩野正昭氏による回想的電子出版論が新潮社から刊行される。おそらくそこでくわしく語られているはずですので、関心のある方はぜひ読んでみてください。

●初出一覧

書物史の第三の革命　書き下ろし
もし私が二十一世紀の出版史を書くとしたら　「書店経営」二〇〇〇年七月号
無料情報の大海のなかで　「季刊・本とコンピュータ」二〇〇一年秋号
私はコンピュータ嫌いになりそうだ　「季刊・本とコンピュータ」二〇〇二年春号
孫悟空――印刷の文化英雄　初出不明
東アジア共同出版でなにをやるのか　『東アジアに新しい「本の道」をつくる』（トランスアート、二〇〇四年）所収
自動翻訳とデータベース――私の週間日記　「季刊・本とコンピュータ」二〇〇五年春号
『季刊・本とコンピュータ』終刊の辞　「季刊・本とコンピュータ」二〇〇五年夏号
本の原液――萩野正昭との対談　「季刊・本とコンピュータ」二〇〇五年夏号
情報は捨てても本は捨てるな　「情報の科学と技術」二〇〇七年四月号
あえて電子辞書の肩をもつ　「熱風」二〇〇七年九月号
ウィキペディアとマチガイ主義　「ウィキメディア・カンファランス・ジャパン　二〇〇九」（二〇〇九年十一月十七日）での講演を元に執筆
歩く書物――ブックマンが見た夢　『歩く書物――ブックマンが見た夢』（リブロポート、一九八六年）所収

著者紹介

津野海太郎（つの・かいたろう）
一九三八年福岡生まれ。評論家。早稲田大学卒業後、演劇と編集に携わる。劇団「黒テント」制作・演出、晶文社取締役、『季刊・本とコンピュータ』総合編集長、和光大学教授・図書館長を歴任。主な著書に『小さなメディアの必要』（晶文社）、『滑稽な巨人　坪内逍遙の夢』（平凡社、新田次郎文学賞）、『ジェローム・ロビンスが死んだ』（平凡社、芸術選奨文部科学大臣賞）、『おかしな時代　「ワンダーランド」と黒テントへの日々』（本と雑誌社）、『したくないことはしない　植草甚一の青春』（新潮社）などがある。

電子本《でんしぼん》をバカにするなかれ

二〇一〇年十一月二十五日　初版第一刷発行

著　者　津野海太郎
発行者　佐藤今朝夫
発行所　株式会社国書刊行会
東京都板橋区志村一-十三-十五　郵便番号一七四-〇〇五六
電話〇三-五九七〇-七四二一　http://www.kokusho.co.jp
印刷所　藤原印刷株式会社
製本所　株式会社ブックアート
ISBN978-4-336-05326-8

●乱丁・落丁本は送料小社負担でお取り替え致します。